DE

...ÈRE ANNÉE

...ndant et faisant suite

...ÈRE ANNÉE DE GRAMMAIRE

PAR MM.

...IVE ET FLEURY

...de Grammaire de MM. LARIVE et FLEURY vient ... Diplôme de mérite à l'Exposition universelle ... une Médaille d'or de la Société des anciens ... École normale de Versailles. *Septembre* 1873.

PARIS

...AIRIE CLASSIQUE ARMAND COLIN ET Cie

..., RUE DE CONDÉ, 1...

...de Deuxième année, correspondant à la *Deuxième année* ... cart. ... 1 fr. ...

...de Grammaire (Révision, Compléments de grammaire, Style, ... littéraire), avec Exercices et Lexique. In-12, cart. ...

...de d'Arithmétique (Compléments d'Arithmétique, ... Géométrie appliquée, Arithmétique agricole) ... In-12, cart. ... fr. ...

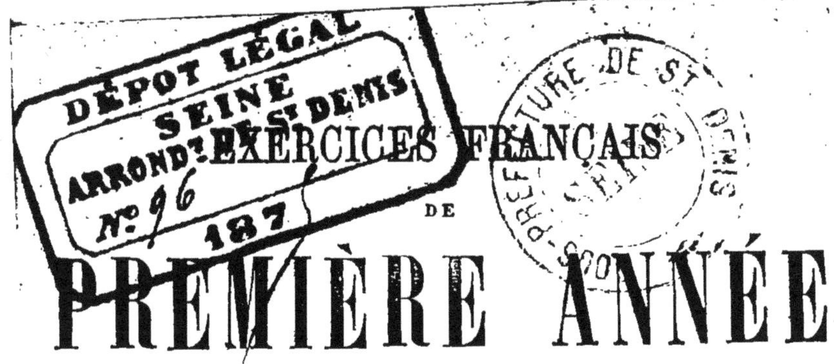

EXERCICES FRANÇAIS
DE
PREMIÈRE ANNÉE

correspondant et faisant suite

A LA PREMIÈRE ANNÉE DE GRAMMAIRE

PAR MM.

LARIVE ET FLEURY

Le cours de Grammaire de MM. Larive et Fleury vient d'obtenir un Diplôme de mérite à l'Exposition universelle de Vienne, et une Médaille d'or de la Société des anciens élèves de l'École normale de Versailles. *Septembre* 1873.

PARIS
LIBRAIRIE CLASSIQUE ARMAND COLIN ET Cie
16, RUE DE CONDÉ, 16

1876

PRÉFACE DE L'ÉDITEUR

Nous publions, comme complément de notre *Première année de Grammaire*, ces *Exercices d'orthographe* qui sont en quelque sorte la conséquence du système que nous avons adopté, système qui peut se résumer dans le mot bien connu de Lhomond : *La métaphysique ne convient point aux enfants*. Ce qui leur convient, ce sont de bons et profitables devoirs, variés pour le fond et pour la forme, se répétant au besoin. Cette manière d'envisager l'enseignement élémentaire sera certainement du goût de tous les enfants, qui se plaisent aux choses qu'ils comprennent, tandis qu'ils se dégoûtent de tout ce qui leur échappe et les dépasse.

Ces exercices se rattachent aux numéros de notre Grammaire. Cependant nous avons ajouté des explications nouvelles toutes les fois que nous les avons jugées utiles. De même que dans la Grammaire, les exercices sont disposés en colonnes, en phrases détachées et en textes suivis. Comme nous y pouvions prendre des allures plus libres, nous avons introduit plus de variété. Ainsi les devoirs sont de quatre sortes : devoirs d'*orthographe* proprement dite; devoirs de *théorie*, contenant des questions sur la Grammaire; devoirs d'*invention*, dans lesquels on éveille l'attention des élèves en les forçant à trouver par eux-mêmes soit un mot, soit une idée; enfin, devoirs de *lexicologie*, que les enfants devront faire en s'aidant du petit lexique placé à la fin de l'ouvrage.

Quant au choix même des sujets, nous n'hésitons pas à dire qu'il est irréprochable; le devoir de ceux qui s'adressent à l'enfance étant de faire marcher de pair l'éducation qui forme le cœur, et l'instruction qui développe l'intelligence.

Nous divisons notre travail en trois livrets, correspondant aux trois divisions de l'année scolaire, savoir :

Premier livret. — Le nom, l'article, l'adjectif.

Deuxième livret. — Le pronom et le verbe.

Troisième livret. — Le participe et les mots invariables.

Ces trois opuscules sont également réunis en un seul volume, sous le titre d'*Exercices d'orthographe de première année*.

EXERCICES FRANÇAIS

DE PREMIÈRE ANNÉE

DU NOM OU SUBSTANTIF

NOM COMMUN ET NOM PROPRE.

Exercice 1.

Règle 20. — Noms communs d'arbres, de fleurs, de fruits, de légumes, distinguez-les. *Ecrivez* : Peuplier, nom commun d'arbre.

Peuplier.	Marguerite.	Orange.	Carotte.
Rose.	Abricot.	Oranger.	Navet.
Pomme.	Pêcher.	Poireau.	Noyer.
Pomme de terre	Pommier.	Chou.	Noix.
Prune.	Poirier.	Abricotier.	Oseille.
Chêne.	Poire.	Orme.	Cerise.
Châtaignier.	Pêche.	Tulipe.	Salsifis.

Exercice 2.

Règle 21. — Noms propres d'hommes, de femmes, de villes, distinguez-les. *Ecrivez* : Charles, nom propre d'homme.

Charles.	Turenne*.	Lille*.	Marseille*.
Louise.	Auguste.	Adam*.	Bayard*.
Alfred.	Nantes*.	Moïse*.	Saint Louis*.
Paris*.	Jeanne d'Arc*.	St-Pétersbourg*.	Strasbourg*.
Lyon*.	Pauline.	Jacques.	Henri.
Albert.	Bordeaux*.	André.	Marie.
Pierre.	Paul.	Georges.	Gustave.

Exercice 3.

Règles 20-21. — Noms propres et noms communs, distinguez-les. — Vous ne mettrez une majuscule qu'aux noms propres. *Ecrivez* : Londres, nom propre.

Londres*.	Bruxelles*.	Ernest.	La Hollande*.
La maison.	Orléans*.	La Méditerranée*	Ernestine.
L'arbre.	La Loire*.	La Suisse*.	Charlemagne*
La Seine*.	L'encre.	L'Angleterre*.	Le couteau.
Alphonse.	Le cahier.	Le fromage.	Le verre.
Les nuages.	Une prune.	La poule.	Saint Louis*.
Joseph.	Jules.	Le coq.	Le livre.

Exercice 4.

Noms communs de choses matérielles * et de choses immatérielles *, distinguez-les. *Ecrivez* : La douceur, nom commun de chose immatérielle.

La douceur.	La lenteur.	L'amitié.	La jalousie.
La cheminée.	L'obligeance.	Le volet.	La sobriété.
La toiture.	La porte.	L'arbre.	La fleur.
La bonté.	La fenêtre.	La liberté.	La prune.
Le repentir.	La modestie.	La cruauté.	L'obéissance.
La rapidité.	L'orgueil.	Le paletot.	L'avarice.

Exercice 5.

Noms communs de choses, d'animaux et de personnes, distinguez-les. *Ecrivez* : Le cahier, nom commun de chose.

Le cahier.	Le sucre.	L'âne.	Le bois.
Le boucher.	La chandelle.	Le harnais.	Le bûcheron.
Le charretier.	Le mouton.	Le bourrelier.	La hache.
La voiture.	La vache.	Le berger.	Le charbonnier.
Le cheval.	Le jardinier.	La laine.	Le garde.
L'épicier.	La bêche.	Le loup.	Le bâton.

Exercice 6.

Noms propres de pays, de peuples et de fleuves, distinguez-les. *Ecrivez* : La Russie, nom propre de pays.

La Russie.	La Belgique.	Les Danois.	L'Angleterre.
La Pologne.	Le Rhin*.	Les Espagnols.	La Tamise*.
La Garonne*.	Les Autrichiens.	Le Danube*.	L'Italie.
La France.	Les Anglais.	Le Rhône*.	La Suisse.
Les Russes.	La Loire*.	L'Espagne.	L'Autriche.
Les Belges.	La Grèce.	Le Danemark.	Les Italiens.

Exercice d'invention 7.

Remplacez le nom propre d'homme par le nom commun du métier exercé par cet homme. *Ecrivez* : Le *meunier* a moulu le blé.

Philippe a *moulu* le blé. — *Jean* a remis des tuiles sur le toit. — *Pierre* raccommodera l'*horloge*. — *Edmond* construira une *charrue*. — *André* réparera les colliers des chevaux. — *Édouard* extrait d'énormes pierres de sa *carrière*. — *Henri* badigeonne nos appartements. — *Alphonse* me *taille* un habit. — *Louis* nous a confectionné cette armoire. — *Nicolas* bâtira une maison. — *Ernestine* lui fera une robe. — *Rose* *blanchira* notre linge. — *Thomas* nous a vendu de bon pain. — *Félix* a abattu les arbres du petit bois. — *Paul* a conduit ses moutons dans de gras pâturages. — *Bernard* remettra une *vitre* à la fenêtre.

Exercice d'invention 8.

Dites où se trouvent les objets représentés par les noms suivants. *Ecrivez* : Les cheveux sont *sur la tête*.

Les cheveux sont sur... — La poule est dans... — Le cheval est attaché dans... — La crémaillère est pendue dans... — Le lit est dans... — Les habits sont rangés dans... — La pendule est sur... — Les chenets sont dans... — L'encre est dans... — Le fumier est dans... — Le vin est dans... — Les fruits croissent sur... — Le pain se fait chez... — La viande se vend chez... — Les poissons vivent dans... — Les oiseaux font leurs nids sur... — L'herbe croît dans...

Exercice d'invention 9.

Complétez les phrases suivantes. *Ecrivez* : Le *maçon* construit les maisons.

Le... construit les maisons. — Le... arrange les serrures. — Le... cuit le pain. — Le... foule le vin. — Le... fait les souliers. — Le... fait les sabots. — Le... fait la corde. — Le... fait les gâteaux. — Le... ferre les chevaux. — Le... étame les chaudrons. — Le... vend des chapeaux. — Le... vend des livres. — Le... fait des boudins. — Le... vend des côtelettes. — Le... pose les vitres. — L'... vend des horloges.

Exercice d'invention 10.

Complétez les phrases suivantes. *Ecrivez* : Le puisatier creuse le *puits*.

Le puisatier creuse le... — Le carrossier construit le... — Le sellier fait la... — Le couvreur couvre la... — Le charpentier élève la... — Le laboureur conduit la... — Le charretier conduit la... — Le berger mène paître les... — Le tonnelier fait un... — Le liquoriste vend des... — Le lampiste vend les... — Le coutelier repasse le... — Le perruquier vend la... — Le barbier fait la... — Le tisserand tisse la... — Le bonnetier vend le... — Le peintre fait de la...

Exercice théorique 11.

Règles 1 à 22. — Répondez, à l'aide de la Grammaire, aux questions suivantes. *Ecrivez* : *D.* Combien y a-t-il de voyelles? — *R. Il y a six voyelles.*

D. Combien y a-t-il de voyelles? — R.
D. Quelles sont-elles? — R.
D. Combien distingue-t-on de sortes d'*e*? — R.
D. Quels sont les trois *e*? — R.
D. Combien distingue-t-on de sortes d'*h*? — R.
D. Combien y a-t-il d'espèces de mots? — R.
D. Qu'appelle-t-on *nom* ou substantif? — R.
D. Combien y a-t-il de sortes de noms? — R.
D. Quelle doit être la première lettre d'un nom propre? — R.
D. Qu'est-ce que la grammaire? — R.

Exercice lexicologique 12.

Répondez, à l'aide du lexique, aux questions suivantes :

Qu'est-ce que : Paris, — Lyon, — Nantes, — Bordeaux, — Lille, — Saint-Pétersbourg, — Marseille, — Strasbourg ?

Qu'est-ce que : Londres, — Bruxelles, — l'Angleterre, — la Suisse, — la Hollande ?

Qui est-ce que : Turenne, — Jeanne d'Arc, — Moïse, — Bayard, — Saint Louis, — Charlemagne ?

Qu'est-ce que : la Seine, — la Loire, — la Méditerranée, — la Garonne, — le Rhin, — le Danube, — le Rhône, — la Tamise ?

Que signifient les mots : matériel, — immatériel ?

FORMATION DU FÉMININ.

Exercice 13.

Féminin en e. — Beaucoup de noms forment leur féminin par l'addition d'un *e* muet. Ex. : Louis, Louis *e*, — le marchand, la marchand *e*.

Noms en er et ier. — Les noms en *er* et *ier* prennent, en outre, un accent grave sur l'*e*, *ère*, *ière*. Ex. : Le berger, la bergèr *e*, — l'épicier, l'épicièr *e*.

Formez le féminin des noms suivants. *Ecrivez* : Le marchand, *la marchande*.

Le marchand. Le cordonnier. Le jardinier. Le loup*.
Le cousin. L'épicier. Le fermier. Le vacher.
Le lapin. Le perruquier. Le teinturier. Le cuisinier.
Le serin. Le boulanger. Le mercier. L'écolier.
Le marquis. Le pâtissier. Le fruitier. L'hôtelier.

Exercice 14.

Noms en on, en, at, et. — Quelques noms prennent deux *n* ou deux *t* avant l'*e* muet. Ex. : Le lion, la lionn *e*, le chat, la chatt *e*.

Formez le féminin des noms suivants. *Ecrivez* : Le lion, *la lionne*.

Le lion. Le poulet. Le baron.
Le chien. Le musicien. Le Parisien.
Le chat. Le paroissien. Le patron.
Jean. Le comédien. Le vigneron.
Le paysan. Le gardien. Le magicien.

Exercice 15.

Féminin en esse. — Beaucoup de noms ont leur féminin en *esse*. Ex. : L'âne, l'ân *esse*.

Formez le féminin des noms suivants : *Ecrivez* : Le tigre, *la tigresse*.

Le tigre. Le duc. Le diable.
Le pauvre. L'hôte. Le chanoine.
L'âne. Le maître. Le mulâtre*.
Le comte. Le prêtre. Le prophète.
Le prince. Le traître. L'ogre.

Exercice 16.

Féminin en euse. Beaucoup de noms en *eur* ont leur féminin en *euse*. Ex. : Le voyageur, la voyag *euse*.

Formez le féminin des noms suivants. *Ecrivez* : Le voyageur, la *voyageuse*.

Le voyageur. Le balayeur. Le danseur. Le rempailleur. Le plaideur.
Le vendangeur. Le voleur. Le joueur. Le quêteur. L'emprunteur.
Le coiffeur. Le moissonneur. Le rôdeur. Le gardeur. Le ricaneur.

Exercice 17.

Féminin en trice. La plupart des noms en *teur* ont leur féminin en *trice*. Ex. : Le bienfaiteur, la bienfai *trice*.

Formez le féminin des noms suivants. *Ecrivez* : Le bienfaiteur, la *bienfaitrice*.

Le bienfaiteur. Le directeur. Le collaborateur. Le débiteur*. L'acteur.
L'exécuteur (testamentaire). Le fondateur. L'inspecteur. Le lecteur.
Le protecteur. Le spectateur. Le tuteur*. Le traducteur. L'interrupteur.

Exercice 18.

Féminin différent du masculin. Un certain nombre de noms ont un féminin qui diffère considérablement du masculin. L'usage seul peut les faire connaître. Ex. : Le père, la *mère*, — le bouc, la *chèvre*.

Formez le féminin des noms suivants. *Ecrivez* : Le père, la *mère*.

Le père. L'homme. L'oncle. Le neveu. Le parrain. Le frère.
Le singe*. Le garçon. Le sanglier*. Le porc*. Le bouc*. Le cerf*.
Le bélier*. Le taureau. Le coq. Le pigeon*. Le cheval. Le dindon*.
Le poulain*. Le daim*. Le compère*. Le canard*. Le monsieur. Le serviteur.

Exercice théorique 19.

Règles 24-29. — Répondez, à l'aide de la Grammaire, aux questions suivantes :

D. Combien y a-t-il de genres? — R.

D. A quoi reconnaît-on qu'un nom est du genre masculin, — du genre féminin? — R.

Exercice lexicologique 20.

Répondez, à l'aide du Lexique, aux questions suivantes :

Qu'est-ce que : un druide, — un mulâtre, — un débiteur, — un singe, — un sanglier, — un bouc, — un bélier, — un pigeon, — un dindon, — un poulain, — un daim, — un compère, — un canard, — un loup, — un tuteur?

Quels sont les homonymes : de porc, — de cerf?

PLURIEL DES NOMS.

Exercice 21.

Règle 33. — Copiez et mettez au pluriel. *Ecrivez* : Le cœur, les *cœurs*.

Le cœur, les...
Le ventre, les...
Le poumon, les...
Le foie, les...
La rate, les...
Une jambe, des...
La bouche, les...
Le linge, les...
Le chenet, les...
La cendre, les...
Une cruche, des...
Le verre, les...
Une carafe, des...
Une bouteille, des...
La porte, les...
Le clocher, les...
Une église, des...
Un autel, des...
Un orgue, des...
Le banc, les...
Le cadran, les...

Exercice 22.

Règle 33. — Copiez et mettez au singulier. *Ecrivez* : Les bêches, la *bêche*.

Les bêches, la...
Les charrues, la...
Les herses, la...
Des voitures, une...
Les fourches, la...
Des dents, une...
Les brouettes, la...
Les vans, le...
Les barattes, la...
Des hottes, une...
Des corbeilles, une...
Des sérans*, un...
Les fenêtres, la...
Des granges, une...
Les greniers, le...
Des écuries, une...
Des celliers, un...
Les fouets, le...
Des charrettes, une...
Des hirondelles, une...

Exercice 23.

Règle 36. — Copiez et mettez au pluriel les noms entre parenthèses.

Nous avons entendu toute la nuit des (*feu*) de peloton, indice d'un combat acharné.

A Rome, le premier jour de chaque année, on enfonçait un clou dans la porte du temple de Janus*; en comptant le nombre de ces (*clou*), on avait le nombre des années écoulées depuis la construction du temple.

Un bon vieillard se disait en plantant des arbres fruitiers: mes (*neveu*) me devront cet ombrage.

Les (*moyeu*) des roues de nos charrettes sont en bois d'orme.

Les (*chou*) monstrueux, appelés (*chou*)-cabus, sont utilisés pour la préparation de la choucroute.

Les (*genou*) des chameaux sont couverts de cals provenant de l'habitude qu'ont ces animaux de s'accroupir pour recevoir leurs cavaliers ou une charge quelconque.

Exercice 24.

Les (*trou*) dans lesquels on plante les topinambours* n'ont que les deux tiers de la profondeur des (*trou*) dans lesquels on plante les pommes de terre.

Nous faisons les (*vœu*) les plus ardents pour la prospérité de la patrie.

Les (*matou*) de grande taille luttent volontiers contre les plus gros rats.

Comme la force des bœufs réside surtout dans leurs (*cou*)*, on les attelle de manière à utiliser cette force le plus possible.

Il n'est pas rare de trouver des (*caillou*) que les Gaulois avaient arrondis ou taillés en forme de haches.

Les beaux jours sont près de revenir, car nous avons déjà entendu le chant des (*coucou*).

Exercice 25.

Règle 37. — Copiez et mettez au pluriel les noms entre parenthèses.

Les (*maréchal*) ont besoin d'aides pour ferrer les (*cheval*).

Le télégraphe* aérien transmettait les nouvelles au moyen de (*signal*) exécutés avec de grandes règles mobiles les unes autour des autres.

A la forme des dents des (*animal*), on peut voir quel est leur genre de nourriture.

Les (*chacal*) sont des espèces de chiens sauvages que l'on trouve dans toute l'Afrique*, particulièrement dans les pays baignés par la Méditerranée*.

Les (*mal*) les plus affreux sont plus d'une fois soulagés par l'espérance qu'on a d'en guérir.

Exercice 26.

Les (*canal*) font concurrence aux chemins de fer pour le transport des marchandises.

La publication du premier de ces (*journal*), qui paraissent aujourd'hui en si grand nombre, ne remonte qu'au règne de Louis XIII*.

Les (*tribunal*) ne peuvent juger que conformément aux lois.

Que de grades les (*caporal*) ont à parcourir pour devenir (*général*).

Les (*amiral*), les vice-(*amiral*) et les contre-(*amiral*) sont les officiers qui occupent les postes les plus élevés dans l'armée navale.

Les (*hôpital*) devraient être éloignés du centre des grandes villes.

Certains (*végétal*) aquatiques* ont leurs feuilles organisées tout autrement que celles des (*végétal*) terrestres.

Exercice 27.

Règles 38-39. — Copiez et mettez au pluriel les noms entre parenthèses.

Les (*corail*) sont des animaux qui vivent quelquefois à de grandes profondeurs dans la mer.

On nous a raconté les (*détail*) du combat livré aux ennemis.

Les peintres d'(*éventail*) sont souvent des artistes très-distingués.

Les (*poitrail*) des chevaux étaient frappés par les obus.

Que d'années ont dû s'écouler avant que les vaisseaux fussent munis de (*gouvernail*).

Les différents peuples conservent toujours des traces du caractère de leurs (*aïeul*).

Les (*travail*) de l'esprit fatiguent souvent plus que les (*travail*) du corps.

Exercice 28.

Les (*ciel*) racontent la gloire du Très-Haut.

Les (*œil*) des oiseaux de proie sont organisés pour voir clair la nuit.

Les volcans sont des (*soupirail*) par où l'intérieur de la terre communique avec l'extérieur.

Les Romains exécutaient souvent des (*travail*) gigantesques pour conduire l'eau à de grandes distances.

Les (*vitrail*) que l'on fabriquait autrefois avaient plus de mérite que les (*vitrail*) modernes.

Les (*bail*) ont d'ordinaire une durée de trois, six ou neuf ans.

ANALYSE DU NOM.

Exercice 29.

Règle 41. — Analysez les noms suivants. — Cet exercice pourra faire l'objet de plusieurs devoirs.

Le garçon.	Les ours.	La balance.	Les dindons.
Les têtes.	La chatte.	Le gazon.	Florence.
Les paysans.	Le cadavre.	Les roses.	Alphonse.
Le jour.	Orléans.	La poitrine.	Philippe.
Ernest.	La Champagne.	Avignon.	Le rivage.
Louise.	Les épines.	L'Oise.	Les vaisseaux.
Les troupeaux.	Rome.	Le lion.	La corde.
Jean.	Les ruisseaux.	La lionne.	Le papier.
Le vin.	Eustache.	Les poules.	Le cœur.
La poule.	Les jeux.	La boîte.	Jacques.
L'Europe.	Paris.	La plume.	Louis.
L'enfant.	Nantes.	Rouen.	Le pavé.

Exercice général 30.

LA PATRIE.

Règles 30-39. — Copiez et mettez au pluriel les noms entre parenthèses.

Lorsque j'arrivai en France sur un vaisseau venant des Indes*, dès que les (*matelot*) eurent distingué la terre de la Patrie, ils devinrent incapables d'aucune manœuvre. Les uns n'en pouvaient détourner leurs (*œil*), d'autres mettaient leurs beaux (*habit*). Il y en avait qui prononçaient des (*parole*) sans suite et d'autres qui versaient d'abondantes (*larme*). A mesure que nous approchions, le trouble de leurs (*tête*) augmentait. Absents depuis plusieurs (*année*), ils ne pouvaient se lasser d'admirer la verdure des (*colline*), le feuillage des (*arbre*), et jusqu'aux (*rocher*) du rivage couverts d'(*algue*), de (*mousse*) et de (*plante*) marines de toutes (*sorte*), comme si tous ces (*objet*) leur eussent été nouveaux.

Exercice 31.

Les (*clocher*) des (*village*) où ils étaient nés, et qu'ils reconnaissaient au loin dans les (*campagne*), les remplissaient d'allégresse. Mais quand le vaisseau entra dans le port, et qu'ils virent sur les (*quai*) leurs (*ami*), leurs (*père*), leurs (*mère*), leurs (*femme*), leurs (*enfant*) qui leur tendaient les (*bras*) et qui les appelaient par leurs (*nom*), il fut impossible d'en retenir un seul à bord. Tous sautèrent à terre, et il fallut suppléer aux (*besoin*) du vaisseau par un autre équipage.

Exercice 32.

L'AMBITION (*apologue indien*).

Règles 30-39. — Copiez et mettez au pluriel les noms entre parenthèses.

Une sécheresse brûlante désolait les (*campagne*) de l'Inde, lorsque deux (*pasteur**), Hamet et Raschid, se rencontrèrent auprès des (*limite*) qui séparaient leurs (*héritage*). Ils mouraient de soif. Ils voyaient leurs (*troupeau*) haleter autour d'eux. Elevant les (*œil*) vers le ciel, ils le conjurèrent d'apporter un prompt remède à leurs (*mal*). Tout à coup il se fit dans les (*air*) un silence profond: les (*oiseau*) cessèrent de chanter, les (*troupeau*) de mugir; et les deux (*berger*) aperçurent un être d'une nature plus qu'humaine. C'était le Génie* distributeur des (*bien*) et des (*mal*). « Approchez, leur dit-il, (*enfant*) de la poussière. Vous me demandez de l'eau, et me voilà prêt à vous en donner; mais je veux savoir de vous-mêmes ce qu'il vous en faut. »

Exercice 33.

« Je demande, répondit Hamet, un petit ruisseau dont les (*onde*) ne tarissent point pendant les (*chaleur*) de l'été et ne débordent point dans la saison des (*pluie*). — Tu l'auras, reprend le Génie, » et il frappe la terre de son glaive. Les deux (*berger*) voient aussitôt une fontaine sourdre* à leurs (*pied*) et répandre ses (*eau*) pures dans les (*prairie*) d'Hamet. Les (*fleur*) exhalèrent de nouveaux (*parfum*); les (*arbre*) se parèrent d'un feuillage plus vert et les (*troupeau*) étanchèrent la soif qui les dévorait. A cette vue, Hamet fut ravi de joie : « Tu m'as rendu à la vie, dit-il au Génie, mes (*bien*) et mes (*troupeau*) sont à toi! »

Exercice 34.

Le Génie interrogea ensuite l'autre pasteur. « Je demande, s'écria Raschid, que tu fasses couler dans mes (*domaine*) le Gange* avec ses (*eau*) et ses (*poisson*). » En vain le Génie invita Raschid à modérer ses (*désir*) et à ne rien demander au delà de ses (*besoin*). Dédaignant de si sages (*avis*), Raschid persista dans sa demande. Tout à coup le mugissement des (*flot*) se fit entendre, et un torrent impétueux, qu'on vit accourir, annonça que les (*digue*) du Gange étaient rompues. Ce déluge immense ravagea en un clin d'œil toutes les (*possession*) de Raschid, déracina ses (*arbre*) et entraîna ses (*troupeau*). Hélas! il l'emporta lui-même!

Exercice 35.

LES INSECTES.

Règles 30-39. — Copiez et mettez au pluriel les noms entre parenthèses.

Si nous jetons les (*œil*) sur ces (*atome**) animés, les plus brillants (*tableau*) vont nous frapper d'admiration. Les (*couleur*) des (*pierre*) les plus précieuses ont été prodiguées à des (*insecte*) invisibles. Les uns marchent le front orné de (*panache*); d'autres portent des (*turban**) enrichis de (*pierrerie*), leurs (*robe*) sont étincelantes d'azur et de pourpre. Ils ont de longues (*lunette*), comme pour découvrir leurs (*ennemi*), et des (*bouclier*) pour s'en défendre. On en voit avec des (*aile*) de gaze*, des (*casque*) d'argent, des (*épieu*) noirs comme le fer, effleurer les (*onde*), voltiger dans les (*prairie*), s'élancer dans les (*air*). Contemplons ces petits (*ménage*), ces (*royaume*), ces (*république*), ces (*horde*)* semblables à celles des (*Arabe*)* : ces (*mite*)* vont occuper la pensée de l'homme qui calcule la grandeur des (*astre*), émouvoir son cœur que rien ne peut remplir, étonner son admiration accoutumée aux (*prodige*).

Exercice 36.

LES FÈVES.

Règles 30-39. — Copiez et mettez au pluriel les noms entre parenthèses.

Les (*plante*) légumineuses ont des (*semence*) qui servent d'(*aliment*) aux (*homme*) et aux (*animal*). Les plus communes de ces (*plante*) sont les (*fève*), les (*haricot*), les (*pois*), les (*lentille*). Leurs (*graine*) sont aussi nourrissantes que les (*farine*) des (*céréale*)*. Les (*fève*) sont originaires des (*bord*) de la mer Caspienne*. Il y en a deux (*espèce*) distinctes : les (*fève*) de marais et les (*féverole*). Les premières sont employées à la nourriture des (*homme*), les secondes sont consommées par les (*animal*). Les (*féverole*) sont surtout propres à l'alimentation des (*cheval*). On peut aussi avec leur farine préparer des (*bouillie*) claires servant à l'engraissement des (*animal*) domestiques* et surtout des (*veau*). Les (*tige*) des (*féverole*) forment en outre un excellent fourrage.

Exercice 37.

LE JEUNE LA FONTAINE *.

Règles 30-39. — Copiez et mettez au pluriel les noms entre parenthèses.

C'est à tort que l'on se plaint de ce que l'on appelle les (*distraction*) des grands hommes. Ces prétendues (*distraction*) ne sont souvent que des (*méditation*) profondes, pendant lesquelles les (*idée*) les plus neuves, les (*pensée*) les plus sublimes, les (*conception*) les plus gracieuses naissent en foule dans le cerveau des (*poëte*), des (*artiste*), des (*savant*) en tous (*genre*), dont la pléiade* constitue l'une des plus pures (*gloire*) de l'humanité.

L'immortel auteur de ces (*fable*) que nous avons tous apprises dans nos jeunes (*année*), passait pour le plus distrait des (*homme*). Mais comment employait-il ses longues (*heure*) d'absorption intérieure? A analyser les (*beauté*) et les (*merveille*) de la création. Tout enfant, il s'adonnait déjà à cette contemplation de la nature.

Exercice 38.

Il était souvent admis à rendre ses (*devoir*) au duc de Bouillon*. A peine avait-il satisfait à ce que les (*convenance*) exigeaient de lui, qu'on le voyait s'enfoncer dans les (*allée*) du parc, visiter les (*parterre*), parcourir les (*terrasse*), fouiller les (*bosquet*). Mais après cette course dans les (*jardin*), l'enfant se rendait à la serre* qui renfermait les (*animal*) les plus précieux et les plus rares. En présence de ces (*hôte*) dont les (*caractère*) et les mœurs lui retraçaient les nôtres, il tombait dans une rêverie si profonde que les (*heure*) s'écoulaient pour lui plus vite que les (*minute*).

Exercice 39.

Un jour, au moment du dîner, on s'aperçut que le jeune La Fontaine manquait à la table du duc. On le chercha longtemps en vain. A la fin, une des (*femme*) de charge se rappelle sa prédilection pour les (*animal*) de la serre. On y court et on en ramène le futur poëte tout surpris qu'il soit déjà six (*heure*).

Il n'y a pas lieu de s'étonner après cela si, bien des (*année*) après, le fabuliste mit en scène avec tant de verve et de naturel les (*bête*) qui jouent les principaux (*rôle*) dans ses (*apologue*) : les (*renard*), les (*singe*), les (*lion*), les (*loup*), les (*lapin*), les (*belette*), les (*grenouille*), les (*rat*), les (*cigale*), les (*fourmi*), les (*écrevisse*), les (*chat*), les (*âne*) même qui ont dans ses (*vers*) tant de bonhomie et d'honnêteté.

Exercice 40.

NÉCESSITÉ DU TRAVAIL.

Règles **30-39.** — Copiez et mettez au pluriel les noms entre parenthèses

Le jeune Édouard ne voulait ni étudier, ni travailler, sous prétexte que ses (*parent*) étaient riches. Le petit Jacques, au contraire, fils d'un pauvre homme habitant une des (*cabane*) qui environnaient la somptueuse demeure d'Édouard, s'occupait avec ardeur pour venir en aide à ses (*parent*). Il avait appris à faire des (*corbeille*) et d'autres (*ouvrage*) de vannerie, dont il retirait d'assez bons (*profit*).

Un jour, le hasard fit qu'ils se rencontrèrent tous les deux sur le bord de la mer*. Édouard y était venu pour pêcher à la ligne; Jacques pour couper des (*branche*) de saule avec lesquelles il devait faire des (*corbeille*). Il s'en était déjà procuré plusieurs (*faisceau*), et les chargeant sur ses (*épaule*), il se disposait à retourner chez ses (*parent*).

Exercice 41.

Mais voilà que des (*corsaire**) qui s'étaient blottis dans les (*bois*) environnants d'où ils observaient nos deux jeunes (*garçon*), sortent tout à coup de leur cachette, fondent sur ces (*enfant*), les chargent de (*chaîne*) et les entraînent vers leur vaisseau, dans l'intention de les vendre comme (*esclave*).

A peine les (*pirate*) avaient-ils déplié leurs (*voile*) et s'étaient-ils éloignés des (*côte*), qu'il s'éleva une des plus furieuses (*tempête*) que l'on eût vues depuis longtemps. Le navire battu par les (*flot*), privé de ses (*mât*) et de presque tous ses (*agrès**), chassé par les (*vent*) dans des (*parage*) lointains, finit par se briser contre les (*rocher*) d'une île déserte.

Exercice 42.

Les deux (*enfant*) échappèrent seuls au naufrage; mais ce fut pour tomber entre les (*main*) de (*nègre**) barbares et cruels. Jacques pensa qu'il trouverait peut-être grâce à leurs (*œil*), s'il leur montrait son savoir-faire. Il coupa aussitôt quelques (*branche*) de saule et se mit à tresser une jolie corbeille. Une foule de (*nègre*), (*homme*), (*femme*) et (*enfant*), rassemblés autour de lui, le regardaient travailler avec curiosité. La corbeille achevée, Jacques l'offrit à celui des (*nègre*) qui lui paraissait être le chef. Tous les (*membre*) de la tribu brûlaient d'envie d'avoir des (*corbeille*) semblables.

Exercice 43.

A partir de ce moment ils eurent pour Jacques les plus grands (*égard*) et, afin qu'il pût travailler plus à son aise, ils le logèrent dans une cabane ombragée d'(*arbre*) fruitiers de toutes (*sorte*). Ils lui fournirent en outre des (*vivre*) en abondance.

Quant à Édouard, les nègres s'étant aperçus qu'il ne savait rien faire, ils le laissèrent plusieurs (*jour*) sans (*aliment*). Ils l'auraient certainement tué si Jacques, par ses (*supplication*), n'eût obtenu la grâce de son compatriote. Toutefois les (*nègre*) le forcèrent à se dépouiller de ses (*habit*) de velours. Ils l'obligèrent, en outre, à servir de domestique à Jacques, le fils du pauvre ouvrier.

Exercice d'invention 44.

Remplacez les points par le mot convenable. *Ecrivez* : Le chat attrape des *souris*.

Le chat attrape des...
Le noyer est tout couvert de grosses...
Notre Seigneur Jésus-Christ et les deux larrons furent attachés sur des...
A la campagne on fait quatre... par jour : le déjeuner, le dîner, le goûter et le souper.
Les... allaitaient leurs jeunes agneaux.
J'aime à me promener dans les... bien ombragés pendant les grandes chaleurs.
J'ai cassé mon assiette et j'en ai jeté les...
Celui qui a la conscience bourrelée de... ne saurait dormir d'un sommeil paisible.
Les enfants que nous avons entendus chanter avaient des.. très-harmonieuses.

Exercice d'invention 45.

D'immenses... de bœufs sauvages errent dans les plaines marécageuses de l'Amérique méridionale.

Tous les... à voiles seront bientôt remplacés par des... à vapeur.

Les bateliers avaient attaché leurs... sur l'autre rive du fleuve.

Cet arbre donne beaucoup d'ombre, grâce à la multiplicité de ses...

Quand la patrie est en danger, tous les braves courent s'enrôler sous ses...

La cathédrale de Saint-Denis renferme les... des rois de France*.

Les... des violons sont faites avec des intestins de mouton.

On a placé dans notre cave plusieurs... de bière.

Le prisonnier avait essayé de limer les... de fer qui garnissaient la fenêtre de sa prison.

Exercice théorique 46.

Règles 30-39. — Répondez, à l'aide de la Grammaire, aux questions suivantes:

D. Combien y a-t-il de nombres en français? — R.

D. Quand un nom est-il au singulier? — R.

D. Quand un nom est-il au pluriel? — R.

D. Comment forme-t-on le pluriel d'un nom? — R.

D. Comment les noms en *au, eau, eu* forment-ils leur pluriel? — R.

D. Comment les noms en *al* forment-ils leur pluriel? — R.

D. Quel est le pluriel de *bal, carnaval, régal?* — R.

D. Comment *aïeul, ciel, œil* font-ils au pluriel? — R.

Exercice lexicologique 47.

Répondez, à l'aide du Lexique, aux questions suivantes :

Qu'est-ce que : les céréales, — les animaux domestiques, — un pasteur, — un atome, — un turban, — une gaze, — un séran?

Qu'est-ce que : les Indes, — le Gange, — l'Amérique, — la France, — l'Arabie, — la mer Caspienne, — l'Afrique, — la Méditerranée?

Que signifient : sourdre, — aquatique?

Quels sont les homonymes : de art, — de serre, — de mal, — de mer, — de cou?

Qu'est-ce : qu'une horde, — une mite, — une pléiade, — un apologue, — un corsaire, — les agrès d'un navire, — un nègre, — un topinambour?

Qu'est-ce que : La Fontaine, — le duc de Bouillon, — Louis XIII?

DE L'ARTICLE.

Exercice 48.

LES VINS DE FRANCE.

Règles 42-45. — Remplacez les points par l'article convenable.

... vins de France sont renommés dans ... monde entier. Qui n'a entendu vanter ... principaux vins de ... Bourgogne*, ... vins de Chambertin, de Nuits, de Pomard, de Volney, ... produits (*de les*) environs de Mâcon? ... vins de Champagne* ont aussi ... plus grande réputation; ils sont exportés jusque dans ... contrées ... plus lointaines. ... vins (*de les*) bords de ... Garonne* contribuent également pour une large part à notre fortune vinicole. On les dit meilleurs quand ils ont été promenés sur ... Océan* et ils empruntent un surcroît de valeur à un voyage dans ... Inde*.

Exercice 49.

L'AMOUR FILIAL.

Règles 42-45. — Remplacez les points par l'article convenable.

Dieu impose (*à les*) enfants ... obligation de respecter ... auteurs de leurs jours et de se dévouer poux eux (*à le*) besoin. Il fait descendre ses bénédictions sur ... tête (*de les*) enfants fidèles à cette loi. Aussi voit-on souvent ... piété filiale récompensée dès cette vie : ... Providence fait tourner (*à le*) profit (*de les*) enfants ... sacrifices que ces derniers accomplissent pour sauver à leurs parents ... honneur ou ... vie. On en pourrait citer (*de les*) exemples empruntés (*à les*) nations ... plus diverses. En voici un dont ... héros fut un habitant (*de le*) Céleste Empire*.

Exercice 50.

Un haut fonctionnaire de ... une (*de les*) plus importantes provinces de ... empire fut condamné à mort pour avoir fait périr (*à le*) milieu (*de les*) supplices plusieurs innocents. On allait exécuter ... sentence, quand ... fils (*de le*) coupable se présenta devant ... gouverneur de ... province. Il venait offrir sa vie pour racheter celle de son père. ... gouverneur ne vit dans cette démarche qu'une feinte imaginée pour intéresser ... magistrats (*à le*) sort (*de le*) coupable. En conséquence, rien ne fut épargné pour découvrir ... intention secrète (*de le*) jeune homme. Mais toutes ... ruses auxquelles on eut recours ne servirent qu'à prouver sa sincérité. Aussi ... empereur fit-il grâce (*à le*) père sans exiger ... mort (*de le*) fils. Bien (*à le*) contraire, dans son admiration pour ... belle conduite (*de le*) jeune homme, il le promut à ... un (*de les*) plus hauts emplois de sa cour.

Exercice 51.

Mais quelle ne fut pas ... surprise (*de le*) souverain, quand il apprit que ... jeune homme refusait cette charge. Il désira connaître ... motif de ce refus, inouï dans ... annales de ... Chine. « Si j'acceptais ... poste auquel ... empereur daigne m'appeler, répondit ce fils dévoué, je ne ferais que rendre plus éclatant ... déshonneur de mon père. A ma vue, tous ... habitants de ... province se rappelleraient ... cause de mon élévation. Je préfère donc ... obscurité et ... oubli (*à les*) plus grands honneurs. » Mais sa résistance fut inutile. ... souverain, charmé de plus en plus par ... noblesse de ses sentiments, le manda à sa cour et le fit instruire par ... mandarins ... plus habiles.

Exercice 52.

On sait que ... durée de ... éducation est fort longue chez ... Chinois, puisqu'il ne faut pas moins de vingt ans pour qu'un étudiant puisse parvenir (*à les*) plus hauts grades de ... science. ... bon fils sortit victorieux (*de les*) épreuves multipliées auxquelles il fut soumis, et comme il avait continué à se montrer digne de ... estime de ... empereur, ce prince conçut pour lui ... affection ... plus vive, et à ... fin il en fit son ministre d'État (*à les*) applaudissements de tous ... gens de bien. Tant il est vrai que Dieu aime et protége ... enfants qui se dévouent pour ... salut de leurs parents.

Exercice théorique 53.

Répondez, à l'aide de la Grammaire, aux questions suivantes :

D. Qu'est-ce que l'article? — R.
D. Quelles sont les trois formes de l'article? — R.
D. Quand emploie-t-on *l'* au lieu de *le* ou *la?* — R.
D. Quand change-t-on *de le* en *du*, *à le* en *au?* — R.
D. Qu'appelle-t-on élision? — R.
D. Qu'appelle-t-on contraction? — R.

ANALYSE DU NOM ET DE L'ARTICLE.

Exercice 54.

Règle 46. — **Analysez les phrases suivantes. — Cet exercice pourra faire l'objet de plusieurs devoirs.**

La soupe aux haricots.
Le vent du nord.
Les trous des lapins.
Le hameçon du pêcheur.
La fête du hameau.
Les chansons des vendangeurs.
Les sottises des plaideurs.
Le vol des oiseaux.
Le venin des serpents.
Les arbres des forêts.
Les glands du chêne.
La cabane du berger.

DE L'ADJECTIF.

Exercice 55.

Règles 48-49. — Distinguez les noms des adjectifs. — *Ecrivez* : L'animal (nom) intelligent (adjectif).

L'animal intelligent.
Le grand arbre.
L'écolier étourdi.
Le joli paysage.
Le travail constant*.
Le salut amical.
Un vent glacial.
Un ruisseau babillard.
Un visage rougeaud.
Un haut mur.
Un homme bavard.
Un champ fécond.

Exercice 56.

Règles 48-49. — Distinguez les noms des adjectifs. — *Ecrivez* : Un récit (nom) lamentable (adjectif).

Un récit lamentable.
Un homme civil.
Un agréable visage.
Le pauvre villageois.
Le fils docile.
Le timide enfant.
Le neveu tranquille.
Le champ labourable.
Le maître sévère.
L'établissement prospère.
Le beau chapeau.
Le jour splendide.

Exercice d'invention 57.

Dites quelle est la couleur de chacun des objets suivants. *Ecrivez* : La feuille est *verte*.

La feuille...
Le vin...
La craie...
La neige...
L'encre...
Le sang...
La suie...
Le charbon...
Le cuivre...
L'or...
L'argent...
La carotte...
Le radis...
La cerise...
La tomate...
La paille...
Le navet...
La farine...

Exercice d'invention 58.

Dites si les adjectifs suivants expriment une qualité ou un défaut. *Ecrivez* : Être bon est une *qualité*.

être bon...
être envieux...
être sérieux...
être léger...
être habile...
être sournois...
être menteur...
être franc...
être paresseux...
être querelleur...
être avare...
être doux...
être humain...
être sobre...
être poli...
être grossier...
être honnête...
être timide...

Exercice d'invention 59.

Indiquez les contraires des adjectifs suivants. *Ecrivez* : *Triste* est le contraire de *gai*.

Triste...	Riche...	Captif...
Poli...	Honnête...	Petit...
Docile...	Bon...	Faible...
Froid...	Laid...	Large...
Léger...	Tranquille...	Hardi...
Paresseux...	Ancien...	Vieux...

Exercice d'invention 60.

Indiquez les contraires des phrases suivantes. *Ecrivez* : Du bois *vert*, du bois *sec*.

Du bois vert.	La chaux vive *.	Une eau claire.
Du linge propre.	Du vin nouveau.	Un vieil habit.
Un bon chemin.	Une pomme cuite.	Une pomme de terre hâtive.
Le pain blanc.	Une eau courante.	
Le vin rouge.	Du pain tendre.	Une boisson aigre.
Un fruit mûr.	De la viande salée.	De l'eau chaude.

FORMATION DE L'ADJECTIF ET DU NOM.

Exercice 61.

Formez un adjectif terminé en *ique* avec chacun des noms suivants. *Ecrivez* : Du substantif *cube* on forme l'adjectif *cubique*.

Du substantif	Du substantif	Du substantif
cube *...	mélancolie...	cylindre...
méthode...	académie...	ironie...
géographie...	économie...	histoire *...
télégraphe *...	épidémie...	diable *...
énergie...	cône...	ange *...

Exercice 62.

Formez un adjectif terminé en *ide* avec chacun des noms suivants. *Ecrivez* : Du substantif *candeur* on forme l'adjectif *candide*.

Du substantif	Du substantif	Du substantif
candeur...	timidité...	avidité...
splendeur...	cupidité...	lucidité...
perfidie...	intrépidité...	limpidité...
rigidité...	rapidité...	solidité...
humidité...	stupidité...	aridité...

Exercice 63.

Formez un nom terminé en *té* avec chacun des adjectifs suivants. *Ecrivez* : De l'adjectif *absurde* on forme le substantif *absurdité*.

De l'adjectif	De l'adjectif	De l'adjectif
absurde...	civil...	égal...
âcre...	crédule...	facile...
affable...	difforme...	actif*...
atroce...	digne...	aimable...
brutal...	docile...	captif...

Exercice 64.

Formez un nom terminé en *ion* avec chacun des adjectifs suivants. *Ecrivez* : De l'adjectif *rebelle* on forme le substantif *rébellion*.

De l'adjectif
- rebelle...
- attentif...
- accusateur...
- ambitieux...
- séditieux...

De l'adjectif
- désert...
- inspecteur...
- discret *...
- correct...
- direct...

De l'adjectif
- dévot...
- distinct...
- érudit *...
- parfait *...
- actif *...

FÉMININ DES ADJECTIFS.

Exercice 65.

L'ENFANT PRODIGUE.

Règles 51-69. — Mettez au féminin les adjectifs entre parenthèses.

Un homme avait deux fils; le plus jeune lui dit: « Mon père, puisque ma mère n'est plus, donnez-moi la part de son bien qui doit me revenir, » et le père satisfit à la demande (*prématuré*)* de son fils cadet. Peu de jours après, ce jeune homme ayant réalisé sa fortune, s'en alla dans une contrée (*lointain*) où, vivant dans le luxe le plus effréné et la plus (*honteux*) débauche, il eut bientôt dissipé tout son bien. Quand il eut tout dépensé, il arriva une (*grand*) disette dans ce pays-là, et bientôt il ressentit tous les tourments de la faim*. Alors il se mit au service d'un habitant du pays qui l'envoya à une (*grand*) distance de sa ferme pour y garder les pourceaux.

Exercice 66.

Là il eût souhaité d'apaiser sa faim en partageant la (*grossier*) et (*vil*) nourriture que l'on distribuait aux pourceaux; mais on ne lui en donna pas. Alors, rentrant en lui-même, il se mit à penser à la patrie (*absent*), à la terre (*natal*), aux plaisirs évanouis de son enfance (*innocent*) et (*paisible*). Les larmes lui vinrent aux yeux quand il se rappela la maison (*hospitalier*) de ses parents, où les mercenaires eux-mêmes avaient du pain en abondance. Au souvenir de cette (*ancien*) félicité, il se livrait à une (*amer*) douleur; mais il aimait mieux se résigner à la plus (*affreux*) misère, à la plus (*honteux*) humiliation, plutôt que d'affronter la (*juste*) colère de son père. Mais si le sentiment de sa conduite (*antérieur*) le décourage, le souvenir de la bonté (*paternel*) l'enhardit, et bientôt la tendresse (*filial*), que le malheur a réveillée, lui inspire une (*meilleur*) résolution.

Exercice 67.

Il va trouver son père qui, l'apercevant de loin, se sent ému de la plus (*vif*) compassion, court à lui, se jette à son cou et l'embrasse. Le fils s'écrie: « J'ai péché contre le ciel et contre vous. » Mais le père, sans faire attention à cet acte d'une (*vrai*) et (*sincère*) contrition, dit à ses serviteurs: « Amenez un veau gras et tuez-le, préparez une (*grand*) fête, livrons-nous à la plus (*entier*) allégresse, goûtons la joie la plus (*pur*); car mon fils était mort et il est revenu à la vie; mon fils était perdu et il est retrouvé. »

Exercice 68.

LA CHÈVRE.

Règles 51-69. — Mettez au féminin les adjectifs entre parenthèses.

Si l'on veut nous tracer un portrait exact de la chèvre, il faut nous la montrer (*sensible*) aux caresses des hommes, (*susceptible*) d'attachement, plus (*fort*), plus (*léger*), moins (*timide*), moins (*délicat*) que la brebis, mais en même temps plus (*vif*), plus (*capricieux*), plus (*vagabond*) qu'aucune autre bête (*analogue*). La solitude la plus (*profond*) est pour elle une demeure (*plein*) de charmes. Elle se plaît à grimper sur la cime* la plus (*escarpé*), à se placer et même à dormir sur la pointe (*aigu*) des rochers et sur le bord des précipices. (*Robuste*) autant que (*svelte*), elle s'accommode de la nourriture la plus (*grossier*), de l'herbe la plus (*dur*) et la moins (*succulent*), sans dédaigner toutefois celle qui est de (*meilleur*) qualité.

Exercice 69.

La nature (*intime*) de la chèvre ne diffère pas essentiellement de celle de la brebis: ces deux animaux, dont l'organisation (*intérieur*) est presque (*semblable*), se nourrissent et croissent de la même manière et se ressemblent encore par le caractère des maladies. Cependant il en est quelques-unes auxquelles la chèvre se trouve (*sujet*) et qui n'atteignent point la brebis. L'inconstance (*naturel*) de son caractère se marque par l'irrégularité (*continuel*) de ses actions. Elle s'arrête, elle court, elle bondit, elle saute sans autre cause (*apparent*) que la vivacité (*bizarre*) de sa nature (*intérieur*). Chez elle, la souplesse (*infini*) des organes et tout le nerf du corps suffisent à peine à la pétulance (*prodigieux*) et à la rapidité (*instinctif*) de ces mouvements qui lui sont naturels.

Exercice 70.

TU NE DÉROBERAS PAS.

Règles 51-69. — Mettez au féminin les adjectifs entre parenthèses.

Un jeune écolier, nommé Ernest, passait la nuit dans un moulin où il avait reçu l'hospitalité* la plus (*cordial*) et la plus (*franc*). On lui avait offert un lit dans la chambre (*bas*), et il n'avait pas tardé à s'endormir. Vers minuit, il fut réveillé par un léger tic-tac partant de la muraille où était adossée sa couchette. Tournant les yeux de ce côté, il aperçut à la (*vif*) clarté de la lune une (*beau*) montre d'argent. Soudain il conçut la (*criminel*) pensée de décrocher la montre et de s'enfuir par la fenêtre. Sa conscience lui disait bien de n'en rien faire; mais une (*violent*) envie de posséder cette (*joli*) montre l'obsédait de plus en plus, et il était à craindre qu'il n'y pût longtemps résister.

Exercice 71.

Tout à coup, pour échapper à la (*hideux*) et (*vil*) tentation qui l'étreignait*, il se lève, court à la fenêtre (*voisin*) et saute dehors. Une fois dans la campagne, il s'élance d'une course (*désordonné*), mais sans pouvoir chasser la (*malencontreux*) idée qui le poursuit. Un moment il songe à rebrousser chemin; mais pourtant, docile à la voix* (*intérieur*) de sa conscience, il finit par continuer sa route. A cet instant, une (*épais*) nuée (*gris*) cacha la lune et la nuit devint très-(*obscur*). Ernest s'égara. Cependant il réussit à gagner une (*petit*) éminence* que recouvrait une herbe (*délicat*) et (*ténu*)*. Il s'étendit sur cette couche (*naturel*) et ne tarda pas à s'endormir profondément.

Exercice 72.

A la pointe du jour, des cris effrayants le réveillèrent. Il ouvrit les yeux; mais soudain son sang* se glaça de terreur; une sueur (*froid*) couvrit son corps*, une pâleur (*mortel*) décolora son visage: il se trouvait sous une (*haut*) potence, et au-dessus de sa tête était pendu un voleur autour duquel une (*nombreux*) troupe de corbeaux s'étaient réunis. A cette (*horrible*) vue, la voix (*intérieur*) sembla lui crier: « Voilà l'(*affreux*) destinée qui t'attendait si tu avais commencé à t'adonner au vol. » Pénétré à la fois d'une terreur (*salutaire*) et d'une (*vif*) reconnaissance envers la Providence qui, dans sa (*divin*) bonté, l'avait préservé d'une chute (*certain*) et (*imminent*), il tomba à genoux et adressa au Seigneur une (*fervent*) prière d'actions de grâce.

Exercice théorique 73.

Règles 47-69. — Répondez, à l'aide de la Grammaire, aux questions suivantes:

D. Quelle est la lettre qui caractérise le féminin des adjectifs? — R.

D. Donnez quelques exemples. — R.

D. Quelle est la lettre qui caractérise le féminin des noms? — R.

D. Donnez quelques exemples. — R.

D. Quelle différence y a-t-il entre un nom et un adjectif? — R.

D. Comment reconnaît-on un adjectif? — R.

D. Citez dix adjectifs. — R.

D. Citez dix noms. — R.

D. Quel est le féminin des adjectifs *fraternel, ancien, violet, mignon?* — R.

D. Tirez-en la règle. — R.

D. Quel est le féminin des substantifs *musicien, poulet, lion?* — R.

D. Tirez-en la règle. — R.

D. Quel est le féminin des adjectifs *dormeur, trompeur, parleur?* — R.

D. Tirez-en la règle. — R.

D. Quel est le féminin des substantifs *danseur, voleur, moissonneur?* — R.

D. Tirez-en la règle. — R.

D. Quel est le féminin de *blanc, franc, sec, frais?* — R.

D. Quel est le féminin de *doux, faux, roux?* — R.

D. Comment forme-t-on le féminin des adjectifs en *f?* — R.

Exercice lexicologique 74.

Répondez, à l'aide du Lexique, aux questions suivantes :

Que signifient les adjectifs: constant, — discret, — érudit, — actif, — ténu, — prématuré?

Qu'est-ce que: le mètre cube, — une nymphe, — la chaux vive, — l'hospitalité, — une éminence, — une cime?

Dites un mot du télégraphe, — du thermomètre?

Que signifie le verbe étreindre?

Quels sont les homonymes: de voix, — de sang, — de corps, — de faim?

Qu'est-ce que : l'Arabie, — Marseille?

Qu'est-ce qu'une zone?

Quels sont les quatre points cardinaux?

Quelles sont les principales villes de France?

Qu'est-ce que : la Bourgogne, — la Champagne, — la Garonne, — l'Océan?

PLURIEL DES ADJECTIFS.

Exercice 75.

LE ROSSIGNOL.

Règles 70-74. — Mettez au pluriel les adjectifs entre parenthèses.

Il n'y a point d'homme à qui le nom du rossignol ne rappelle quelqu'une de ces (*belle*) nuits de printemps où il a écouté le ramage de ce chantre des forêts. On pourrait citer d'autres oiseaux (*chanteur*) dont la voix le dispute à (*certain*) égards à celle du rossignol. Les alouettes (*matinale*), les serins si (*bavard*), les (*gai*) pinsons, les (*gentille*) fauvettes, les linottes (*étourdie*), les (*brillant*) chardonnerets, les merles (*commun*), les merles (*solitaire*) se font écouter avec plaisir lorsque le rossignol se tait. Les uns ont d'aussi (*beau*) sons, les autres ont des tours de gosier aussi (*flatteur*); mais le rossignol les efface tous par la réunion complète de ces talents (*divers*).

Exercice 76.

Le rossignol ne se répète jamais. S'il redit quelque passage, ce passage est embelli par de (*nouveau*) agréments. Il réussit dans les genres les plus (*contraire*), il rend les expressions les plus (*dissemblable*), il saisit les caractères les plus (*disparate*) et il sait en augmenter l'effet par les contrastes les plus (*inattendu*). Se prépare-t-il à chanter l'hymne de la nature, il commence par des tons (*faible*), (*indécis*), comme s'il voulait essayer son instrument; mais ensuite, prenant de l'assurance, il s'anime par degrés, et bientôt il déploie les ressources (*infinie*) de son incomparable organe: coups de gosier (*éclatant*), batteries (*vive*) et (*légère*), fusées de chant, murmures (*intérieur*) et (*sourd*), (*inappréciable*) à l'ouïe *, roulades (*saccadée*), (*brillante*) et (*rapide*).

Exercice 77.

LA PIÉTÉ FILIALE.

Règles 70-74. — Mettez au pluriel les adjectifs entre parenthèses.

Une dame de haute naissance que des événements (*funeste*) avaient réduite à s'imposer les plus (*terrible*) privations, disait à ses deux fils un jour de grande fête: « Hélas! que je suis malheureuse de ne pouvoir aller au temple du Seigneur unir mes (*humble*) prières à celles des (*nombreux*) fidèles qui s'y rendent pour l'adorer! Mais éloignés de la ville comme nous le sommes, comment m'y rendre par ces (*vilain*) chemins. » Aussitôt les deux (*excellent*) fils attachèrent deux (*forte*) branches d'arbre au fauteuil de leur mère, qu'ils transportèrent à l'église sur cette espèce de brancard, malgré ses (*doux*) remontrances.

Exercice 78.

Ce spectacle arracha de (*délicieux*) larmes à tous ceux qui les virent passer. Les habitants de la ville, (*avide*) de rendre à la piété filiale les honneurs qu'elle méritait, jonchèrent de fleurs (*odoriférante*) et de (*vert*) feuillages le chemin par où ils passaient, et le peuple s'écriait de toutes parts : « Gloire aux plus (*vertueux*) des fils. » Quand ils furent arrivés au temple, la bonne mère, prosternée au pied de l'autel, pria l'Éternel de répandre sur ses deux fils ses grâces les plus (*précieuse*) et de leur accorder la récompense que méritaient leurs (*sublime*) vertus. Le soir venu, les deux (*jeune*) gens reconduisirent leur mère à la maison, (*heureux*) et (*fier*) d'avoir rempli leurs devoirs en (*bon*) fils.

Exercice 79.

LE TRAVAIL OPÈRE DES MIRACLES.

Règles 70-74. — Mettez au pluriel les adjectifs entre parenthèses.

Pendant les (*premier*) et les (*beau*) siècles de la République romaine*, un petit essaim de (*pauvre*) citoyens était allé s'établir à une faible distance de la ville éternelle. Malheureusement, la colonie se composait en majeure partie d'individus (*indolent*) et (*paresseux*), de sorte qu'elle ne prospérait guère. Un cultivateur laborieux* faisait presque seul exception. C'était un véritable plaisir de voir ses champs* (*exempt*) des (*mauvaise*) herbes si (*commune*) partout, ses vignes chargées de raisins (*vermeil*) et (*succulent*), ses vergers (*plein*) de (*magnifique*) arbres (*fruitier*), ses prés (*verdoyant*) où erraient d'(*innombrable*) troupeaux. Cette abondance empêchait les voisins de dormir, et ces hommes (*stupide*) se répandaient en (*horrible*) imprécations contre l'honnête colon, dont ils ne s'expliquaient pas la réussite.

Exercice 80.

Dans leur haine* aveugle ils l'accusaient de sortilége* et prétendaient que, par de (*coupable*) maléfices, il attirait dans ses champs* les sucs* (*nourricier*) des terres (*voisine*). Ces insinuations (*perfide*) furent tant de fois répétées, qu'à la fin* notre homme fut cité devant le juge. Arrivé sur la place publique, où siégeait le tribunal, il présenta au juge et au peuple assemblés ses fils (*plein*) d'ardeur et de force, ses bœufs (*robuste*), tout (*reluisant*) de propreté, enfin ses (*beau*) instruments d'agriculture qu'un travail assidu rendait (*clair*) et (*brillant*) comme de l'argent.

Exercice 31.

Alors, étendant ses bras (*vigoureux*) vers tous ces objets si (*cher*) à son cœur: « O juge! s'écria-t-il, voilà mes sortiléges, voilà les (*mystérieux*) agents à l'aide desquels j'accomplis les prétendus maléfices que l'on me reproche. Si mes voisins, ajouta-t-il, déposant leurs haines (*injuste*), revenaient à de (*meilleur*) sentiments et consentaient à suivre mes conseils, ils réussiraient comme moi; il leur suffirait de mettre en culture les (*immense*) friches* de leurs (*vaste*) domaines, de ne rien perdre des (*précieux*) engrais* qu'ils ont à leur disposition, d'extirper* de leurs champs les plantes (*inutile*) qui les encombrent et étouffent les récoltes les plus (*productive*). » Ayant ainsi parlé, l'excellent colon fut absous* au milieu des acclamations (*générale*).

Exercice 32.

LE TRAVAIL UTILE ET LE TRAVAIL IMPRODUCTIF.

Règles 70-74. — Mettez au pluriel les adjectifs entre parenthèses.

Un homme nouvellement enrichi était tourmenté par la manie de se singulariser*.

Il venait d'acquérir des terrains (*considérable*) qui, depuis de (*longue*) années, se couvraient chaque été de (*riche*) moissons. Son premier soin fut de remplacer ces cultures (*utile*) par d'(*immense*) pelouses de gazon anglais. Pour simuler un désert*, il fit entasser dans un coin d'(*énorme*) quartiers de roches que l'on recouvrit de sables (*blanc*) et (*jaune*) et de pierres (*rocailleuse*) transportées de loin à (*grand*) frais. Les beautés (*pittoresque*) de la Suisse* séduisaient son imagination: il fallut les imiter. On éleva des montagnes (*artificielle*)* que séparaient des vallons (*verdoyant*). Les ruines non plus ne furent pas oubliées: on en construisit de toutes (*neuve*).

Exercice 33.

Pendant que notre homme s'adonnait tout entier à la contrefaçon de la nature, ses affaires se dérangeaient, les dépenses (*excessive*) auxquelles il se livrait le conduisirent en quelques années à la ruine. A la fin, ses créanciers firent saisir le parc, qui fut revendu par (*petit*) lots aux (*laborieux*) paysans des environs. Ceux-ci, plus (*sensé*) que le riche parvenu, couvrirent de nouveau le terrain de (*beau*) champs de blé, de (*magnifique*) carrés de luzerne, de (*vaste*) chenevières, de planches (*luxuriante*) de légumes. Les travaux (*improductif*) étaient remplacés par des travaux (*utile*). Ceux-ci, au lieu d'amener la ruine, répandirent partout l'aisance et le bonheur.

Exercice théorique 84.

Règles 70-74. — Répondez, à l'aide de la Grammaire, aux questions suivantes :

D. Quelle est la lettre qui caractérise le pluriel des adjectifs ? — R.

D. Quelle est la lettre qui caractérise le pluriel des noms ? — R.

D. Comment forme-t-on le pluriel des adjectifs en *eau* ? — R.

D. Citez deux adjectifs en *eau* et deux noms en *eau*. — R.

D. Mettez-les au pluriel. — R.

D. Établissez le rapprochement. — R.

D. Comment forme-t-on le pluriel des adjectifs en *al* ? — R.

D. Citez cinq adjectifs en *al* et cinq noms en *al*. — R.

D. Mettez-les au pluriel. — R.

D. Établissez le rapprochement. — R.

Exercice lexicologique 85.

Répondez, à l'aide du Lexique, aux questions suivantes :

Que signifient les adjectifs : matinal, — solitaire, — laborieux, — artificiel, — discret, — érudit, — parfait, — actif?

Qu'est-ce que : la République romaine, — la Suisse?

Quels sont les homonymes : de haine, — de champ, — de fin?

Que doit-on penser des sortiléges ?

Quelle différence y a-t-il entre *suc* et *sucre* ?

Que signifient les mots : friche, — engrais, — foie, — foncier, — digue, — devin, — degré, — cocon, — histoire, — diable, — ange, — un désert?

Que signifient les verbes : extirper, — être absous, — se singulariser?

RÈGLES D'ACCORD DES ADJECTIFS.

Exercice 86.

Règles 75-76. — Faites accorder l'adjectif. *Écrivez* : La fève et le haricot *hâtifs*.

La fève et le haricot (*hâtif*).
La cornouille et la prunelle (*aigrelet*).
Le printemps* et l'automne (*pluvieux*).
La grêle et la foudre* (*dévastateur*).
Le brouillard et le nuage (*obscur*).
Le pré et la prairie (*vert*).
La tour et le clocher (*hardi*).
La saison et l'année* (*orageux*).
La pie et le moineau (*gourmand*).
Le chien et le chat (*ennemi*).
La couleuvre et le lézard (*paresseux*).
La tortue et l'escargot (*lent*).
L'ouïe* et l'odorat* (*excellent*).
La mère et la fille (*boiteux*).

Exercice 87.

Règles 75-76. — Faites accorder l'adjectif.

Le père et le gendre (*bossu*).
Les rivières et les lacs * (*poissonneux*).
La ville et le village (*voisin*).
La redingote et le pantalon (*neuf*).
La cravate et la chemise (*blanc*).
La vache et la brebis (*tranquille*).
L'heure et le jour (*fatal*).
La mère et la fille (*jovial*).
La vipère et le scorpion (*venimeux*).
La lune et le soleil (*rond*).
Amélie et Paul (*turbulent*).
Louise et Sophie (*gentil*).
Catherine et Isidore (*naïf*).
Adèle et Caroline (*laborieux*).
Le carrefour et le chemin (*poudreux*).
La place et la route (*poudreux*).
Le chat et le chien (*ennemi*).

Exercice 88.

Règles 75-76. — Faites accorder l'adjectif.

Le sarrasin et le maïs sont très-(*nutritif**), mais (*lourd*) et quelquefois (*indigeste**).

Le pain et la viande sont (*réparateur*) et (*fortifiant*).

Le houblon et le trèfle d'eau sont (*amer*).

La guimauve et le bouillon-blanc sont (*adoucissant*) et (*pectoral*).

La laitue et le coquelicot sont (*doué*) de propriétés (*calmant*).

Le tabac et la ciguë* sont (*vénéneux**) et sont des poisons (*mortel*).

L'huile et la manne sont légèrement (*purgatif*).

La pomme de terre et le topinambour* sont (*féculent*) et (*sucré*), mais peu (*alimentaire*).

Exercice 89.

Paul et Marie sont (*sage*), (*pieux*), (*honnête*) et (*poli*).

L'Angleterre* et l'Écosse* sont (*brumeux*), (*humide*), mais toujours (*verdoyant*).

La Suisse* et le Tyrol* sont (*montueux*) et (*accidenté*), (*glacial*) dans leurs parties (*haut*), (*tempéré*) dans leurs parties (*bas*).

La betterave*, la carotte et le navet sont (*sucré*), (*doux*) et un peu (*fade*).

L'or et l'argent sont (*brillant*), (*dur*), (*inaltérable*) et très-(*résistant*).

Le plomb et l'étain sont (*mou*), (*blanc*), (*lourd*), (*facile*) à fondre et (*vénéneux*).

Le marbre et la pierre sont (*dur*), (*froid*) et (*susceptible*) d'être polis.

Exercice 90.

L'Espagne* et l'Italie* sont (*chaud*) mais (*montagneux*).

Le général et les soldats sont (*plein*) de confiance, (*courageux*), (*infatigable*), (*prêt*) à surmonter tous les obstacles.

Le bouc et la chèvre sont (*barbu*), (*vif*), (*capricieux*), (*vagabond*), plus (*fort*), plus (*léger*), plus (*agile*) que le bélier et la brebis.

La vache, la brebis et la chèvre sont les (*nourricier*) des campagnes.

L'âne et l'ânesse, si (*humble*), si (*patient*), si (*tranquille*), contrastent avec le cheval et la jument, si (*fier*), si (*ardent*), si (*impétueux*).

Les perdrix, plus (*petite*) que les poules, ont la queue et le bec (*court*).

COMPLÉMENT DES ADJECTIFS QUALIFICATIFS.

Exercice 91.

Règle 77. — Indiquez le complément de chaque adjectif. *Ecrivez* : Le blé utile à l'homme (*homme* complément de *utile*).

Le blé *utile* à l'homme. — Le pays *fertile* en légumes. — La rivière *abondante* en poissons. — Le soldat *intrépide* à la guerre. — L'enfant *malade* d'indigestion. — Le fossé *plein* de cresson. — L'écolier *attentif* à la leçon. — La maison *pleine* de fumée. — L'homme *secourable* envers les malheureux.

L'hiver destructeur des insectes. — L'homme rouge de colère. — Le cultivateur heureux par son travail. — La perdrix craintive pour ses petits. — La fouine dangereuse pour la basse-cour. — Le renard fameux par ses ruses.

Le quinquina* bon contre la fièvre. — Les crapauds utiles dans les jardins. — Le jeune homme reconnaissant envers son bienfaiteur. — Le bœuf propre au labourage. — La blessure dangereuse pour le général. — La famine funeste aux peuples.

Exercice d'invention 92.

Remplacez le complément par un adjectif équivalent. *Ecrivez* : Une voix d'enfant *ou enfantine*.

Une voix *d'enfant*...	La promenade *du matin*...
La miséricorde *de Dieu*...	La résidence *du roi*...
La charité *du chrétien*...	Le drapeau *de la nation*...
L'amour *d'un père* *...	Les pays *du septentrion* *...
La tendresse *d'un fils*...	Les contrées *de l'Orient*...
Une fête *de village*...	Les côtes *de l'Occident*...
Un dîner *dans les champs*...	Les propriétés *de la commune*...

Exercice d'analyse 93.

LES ÉPICES*.

Règle 41. — Distinguez les noms et les adjectifs ; analysez les noms. *Ecrivez* : Un jeune (adjectif) prince (nom commun masculin singulier).

Un *jeune prince* chassant dans une *profonde forêt* fut surpris par une *averse* qui l'obligea de se réfugier dans la *cabane* la plus *voisine*. Il y arriva au *moment* où les *nombreux enfants* du *charbonnier*, qui en était le *propriétaire*, prenaient leur *repas* rangés autour d'une *écuelle* de *bouillie* faite avec du *gruau* d'*avoine*. Tous avaient les *joues rondes* et *fraîches*, les *yeux vifs*, les *lèvres vermeilles*, les *dents blanches*; en un *mot*, ils présentaient tous les *symptômes* d'une *excellente santé*.

Exercice d'analyse 94.

Règle 80. — Distinguez les noms et les adjectifs ; analysez les adjectifs. *Ecrivez* : Le jeune (adjectif qualificatif masculin singulier), qualifie *prince*, prince (nom commun).

Le *jeune prince* ne pouvait concevoir qu'avec une *nourriture* aussi *commune*, des *aliments* aussi *grossiers*, on pût avoir une si *bonne santé*, des *couleurs* aussi *belles*. « Cela tient, répondit la *mère*, à trois *sortes* d'*épices* dont j'assaisonne leur *nourriture*. D'abord, il faut que les *enfants* gagnent leur *dîner* en travaillant; ensuite, je veille à ce qu'ils observent entre les *repas* une *diète absolue*; enfin, je leur ai fait contracter la *bonne habitude* de se contenter de ce qu'ils ont. Une *occupation continuelle*, une *grande sobriété*, la *paix* du *cœur* leur rendent la *vie douce*, *tranquille* et *heureuse*. Ce sont là les *épices* dont j'assaisonne les *mets* que je leur donne. »

Exercice d'analyse 95.

LES AURORES BORÉALES.

Règle 41. — Distinguez les noms et les adjectifs ; analysez les noms.

Avez-vous jamais entendu parler des *aurores boréales?* Peut-être n'ignorez-vous pas que l'on donne ce *nom* à une *vive lumière* que l'on aperçoit souvent au *ciel* pendant les *longues nuits* des *pays froids?* Quand ce *magnifique phénomène* se produit pendant la *pleine lune**, il perd beaucoup de sa *vive clarté*, et il ne peut être comparé qu'à une *lueur blanche* et *pâle*; mais il en est tout autrement quand la *nuit* est complétement *obscure*. Alors on aperçoit dans l'*air* des *reflets rouges*, *verts*, *violets*, *jaunes*, d'une *magnificence* et d'une *vivacité incomparables*.

Exercice d'analyse 96.

Règle 80. — Distinguez les noms et les adjectifs ; analysez les adjectifs.

D'abord on ne voit apparaître que quelques *taches lumineuses*; mais bientôt elles s'étendent d'une manière *indéter-*

minée, de façon à figurer de *grandes gerbes*, de *longs glaives*, d'*immenses fusées* dans le *ciel*. Tout cela flamboie et scintille avec une *rapidité prestigieuse*. Ce sont des *apparences insaisissables* à la *vue* la plus *attentive*. L'*aurore boréale* dure des *heures entières*. C'est un *véritable bienfait* pour les *habitants* de ces *affreux climats*; elle interrompt leurs *longues nuits* et supplée souvent à l'*absence prolongée* du *soleil**.

Exercice théorique 97.

Règles 75-79. — Répondez, à l'aide de la Grammaire, aux questions suivantes :

D. Dans cette phrase : la belle rose, pourquoi *belle* est-il au féminin? — R.

D. Dans cette phrase : le vin et le cidre *nouveaux*, pourquoi *nouveaux* est-il au pluriel? — R.

D. Si les deux noms sont du féminin, à quel genre et à quel nombre se met l'adjectif? — R.

D. Qu'appelle-t-on complément d'un adjectif? — R.

D. Qu'appelle-t-on complément d'un nom? — R.

D. Citez cinq noms, à l'aide desquels on peut former cinq adjectifs? — R.

D. Citez cinq adjectifs, à l'aide desquels on peut former cinq noms? — R.

D. Qu'appelle-t-on adjectif diminutif? — R.

D. Citez cinq adjectifs, à l'aide desquels on peut former cinq diminutifs? — R.

Exercice lexicologique 98.

Répondez, à l'aide du Lexique, aux questions suivantes :

Que signifient les adjectifs : hâtif, — nutritif, — indigeste, — pectoral, — vénéneux?

Qu'est-ce que : la ciguë, — le quinquina, — des épices?

Qu'est-ce que : le printemps? — Quelles sont les quatre saisons*?

Dites quelques mots sur la foudre?

Combien y a-t-il de jours dans une année?

Qu'est-ce que : l'ouïe, — l'odorat? — Quels sont les cinq sens?

Qu'est-ce qu'un lac?

Quelles sont les capitales de l'Angleterre et de l'Écosse, — les principales villes de la Suisse, — les capitales de l'Espagne et de l'Italie, — qu'est-ce que le Tyrol?

Qu'est-ce que le septentrion? — Quels sont les quatre points cardinaux?

Dites quelques mots sur le soleil, — la lune?

ADJECTIFS DÉTERMINATIFS. — ADJECTIFS DÉMONSTRATIFS.

Exercice 99.

Règles 82-84. — Mettez l'adjectif démonstratif convenable devant chaque nom, indiquez-en le genre et le nombre. *Ecrivez* : Ce moineau (masculin singulier).

C... moineau.
C... haie...
C... chemins.
C... haricot.
C... anneaux.
C... table.
C... hache.
C... rivière.
C... moulin.
C... cascade.
C... meubles.
C... gazons.
C... agneau.
C... histoire.
C... immondices.
C... amadou.
C... perroquet.
C... alouette.
C... futaies.
C... taillis.
C... inconvénient.

Exercice 100.

Règles 82-84. — Mettez au féminin. *Ecrivez* : Cet ouvrier laborieux, *cette ouvrière laborieuse.*

Cet *ouvrier* laborieux.
Ce *boucher* poli.
Cet *ogre* cruel.
Ce *pâtissier* intelligent.
Ce *cerf* timide.
Ce savant *instituteur*.
Cet *homme* vif.
Ce *chat* fripon.
Ce *chien* intelligent.
Ce *cochon* gras.
Ce *bélier* craintif.
Ce *lion* courageux.
Ce *protecteur* généreux.
Ce *charbonnier* insolent.

Exercice 101.

Règles 82-84. — Mettez au pluriel. *Ecrivez* : Cette belle carrière, *ces belles carrières.*

Cette belle carrière.
Ce mol édredon.
Ce fol entêtement.
Ce vieil édifice.
Cette belle avenue.
Ce bel orme.
Ce nouvel établissement.
Ce cou blanc.
Ce fruit sec.
Cette terre franche.
Ce jardin public.
Cette sandale turque.
Ce bonnet grec.
Ce singe malin.

Exercice 102.

Règles 82-84. — Mettez au singulier. *Ecrivez* : Ces honteuses fuites, *cette honteuse fuite.*

Ces honteuses fuites.
Ces horribles massacres.
Ces importants travaux.
Ces arts* insalubres.
Ces enfants indisciplinés.
Ces insipides aliments.
Ces contrées inhospitalières*.
Ces îles désertes.
Ces anneaux dorés.
Ces invraisemblables récits.
Ces hures* formidables.
Ces esclaves malheureux.
Ces esclaves malheureuses.
Ces nègres insouciants.
Ces accablants travaux.
Ces éventails nouveaux.

Exercice 103.

Règle 85. — Indiquez que les personnes ou les objets sont rapprochés ou éloignés. — *Ecrivez : Cette* cour-*ci, cette* ânesse-*là*.

Objets rapprochés.		Objets éloignés.	
Cour.	Mer.	Anesse.	Bouvreuil.
Fleurs.	Rochers.	Fagots.	Lionne.
Fenêtre.	Bateau.	Forêt.	Grenouilles.
Tableau.	Faucilles.	Bûches.	Insectes.
Animal.	Charrue.	Sapin.	Hérisson.
Fromage.	Pelouses.	Hameau.	Ecrevisses.
Ruisseau.	Plantes.	Chien.	Bête.

ADJECTIFS POSSESSIFS.

Exercice 104.

Règles 86-87. — Mettez devant chaque nom l'adjectif convenable. *Ecrivez Mon* bras.

M... bras.	S... chapeau.	V... souliers.
S... jambe.	V... habits.	N... voyages.
T... neveux.	N... parc.	L... espérances.
N... pays.	T... cheveux.	T... figure.
V... appartements.	S... perruque.	S... intentions.
S... amis.	L... salons.	V... chanson.
T... voiture.	V... jardin.	N... arbres.
L... chevaux.	M... bas.	M... fille.

Exercice 105.

Règle 88. — Mettez devant chaque nom l'adjectif possessif convenable. *Ecrivez : Ton* ânesse.

T... ânesse.	S... inertie.	T... haie.
S... encrier.	T... usage.	S... habitation.
T... houssine.	M... image.	T... harangue.
M... âme.	S... utilité.	T... hàngar.
S... imagination.	M... hoyau.	S... hart.
T... œil.	M... houppelande.	T... hémorrhagie*.
M... habitude.	S... humilité.	T... hêtre.
T... ouvrage.	T... hypocrisie...	S... honte.

Exercice 106.

Règles 86-88. — Mettez au singulier. *Ecrivez* : Mes habits neufs, *mon habit neuf*.

Mes habits neufs.	Tes inventions utiles.
Mes oiseaux favoris.	Ses arêtes piquantes.
Tes animaux domestiques.	Ses œufs gigantesques.
Ses élégantes mains.	Mes armoires profondes.
Mes yeux malades.	Mes étroites allées.
Tes abricotiers magnifiques.	Ses hypothèses hardies.
Ses arbres productifs.	Mes horizons bornés.
Tes appartements aérés.	Tes haches celtiques*.

Exercice 107.

Règles 86-88. — Mettez au pluriel. *Ecrivez :* Leur question indiscrète, *leurs questions indiscrètes.*

Leur question indiscrète.	Leur immense richesse.
Sa calotte grecque.	Sa haute futaie.
Ton oiseau favori.	Notre nouvel hôte.
Son épaisse armure.	Votre belle église.
Son appel pressant.	Votre air menaçant.
Mon argent monnayé.	Notre idée généreuse.
Ta longue barbe.	Leur projet utile.
Leur engrais perfectionné.	Son grand livre.

Exercice 108.

Règle 89. — Copiez et remplacez les points par *ces* démonstratif ou par *ses* possessif.

La machine à vapeur, le télégraphe électrique*, ... découvertes de toutes sortes, qui ne datent que du dix-neuvième siècle, prouvent que l'homme peut plus que jamais faire servir les forces naturelles à ... besoins.

Le sauvage préfère ... bois, ... cabanes, ... armes primitives, ... ustensiles grossiers à ... contrées populeuses, à ... villes superbes, à ... terribles engins de guerre, à ... meubles élégants qui font l'admiration de l'homme civilisé.

Jenner* qui découvrit la vaccine*, Franklin* qui inventa le paratonnerre*, Parmentier* qui introduisit chez nous la pomme de terre, ... trois grands hommes devraient être connus de quiconque a le moindre sentiment de reconnaissance pour ... bienfaiteurs.

Exercice 109.

Christophe Colomb*, pour faire honte à ... persécuteurs, voulut être enterré avec les chaînes dont on avait chargé ... bras usés au service de l'Espagne*.

... îles lointaines, qui composent la cinquième partie* du monde, ont été en grande partie découvertes par le capitaine Cook* dans ... voyages autour du monde.

Marseille*, justement fière de l'industrie de ... habitants, ne l'est pas moins des ouvrages gigantesques qu'elle a vu récemment exécuter dans son port*.

... végétaux qui se sont convertis en houille dans le sein de la terre sont devenus indispensables à l'homme; ils alimentent ... forges, ... usines, ... pompes à feu, ... locomotives.

Exercice 110.

... hautes montagnes dont vous ne comprenez pas l'utilité renferment dans leur sein l'or, l'argent, le fer, le plomb, l'étain, avec lesquels l'homme fabrique ... vases précieux, ... bijoux, ... instruments de précision, ... outils et tous ... ustensiles sans lesquels il ne saurait plus vivre aujourd'hui.

L'Europe, par les profondes découpures de ... côtes, est plus propre qu'aucune autre partie du monde à devenir l'entrepôt général de notre globe.

Ce tonnerre, ... éclairs, ... vents qui vous causent tant de frayeur contribuent à débarrasser l'atmosphère* de toutes ... impuretés.

Parlez-moi des bœufs, des moutons, des porcs* : ... animaux-là doivent être multipliés le plus possible. L'homme leur doit ... biens les plus précieux, ... richesses les plus réelles.

Exercice 111.

Il faut que le cultivateur ne perde pas une parcelle de ... fumiers; sans ... engrais* de toutes sortes dont il recouvre ... terres, ... récoltes ne le dédommageraient jamais de ... peines.

Avez-vous vu quelquefois ... superbes palmiers*, ... magnifiques fougères, ... plantes grimpantes qui remplissent nos plus belles serres*? ... végétaux admirables sont originaires de la zone* torride; elle les produit comme la zone tempérée produit ... chênes, ... hêtres, ... sapins et ... bouleaux.

Chaque climat a ... avantages et ... inconvénients, ... animaux utiles et ... animaux nuisibles, ... plantes alimentaires et ... plantes vénéneuses*. C'est à l'homme de choisir entre toutes ... productions celles dont il peut tirer parti.

Exercice théorique 112.

Règles 81-89. — Répondez, à l'aide de la Grammaire, aux questions suivantes

D. Qu'appelle-t-on adjectifs démonstratifs? — R.

D. Qu'appelle-t-on adjectifs possessifs ? — R.

D. Par quelle lettre commencent les adjectifs démonstratifs ? — R.

D. Quel adjectif démonstratif emploie-t-on devant un nom masculin singulier commençant par un *h* muet? — R.

D. Combien y a-t-il d'adjectifs démonstratifs et quels sont-ils? — R.

Quelle différence y a-t-il entre *ces* et *ses*? — R.

Exercice lexicologique 113.

Répondez, à l'aide du Lexique, aux questions suivantes :

Quels sont les homonymes : de art, — de chaîne, — de port?

Que signifient les adjectifs : inhospitalier, — celtique, — indiscret, — vénéneux?

Qu'est-ce que le paratonnerre?

Qu'est-ce que : une hure, — l'hypocrisie, — une hémorrhagie, — l'atmosphère, — un crocodile, — une chimère, — un palmier?

A quoi sert le télégraphe.

Qui est-ce que : Jenner, — Franklin, — Parmentier, — Christophe Colomb, — le capitaine Cook?

Dites quelques mots de la vaccine.

Quelle est la capitale de l'Espagne?

Combien y a-t-il de parties du monde? — Quelle est la cinquième?

Qu'est-ce que Marseille?

ADJECTIFS NUMÉRAUX.

Exercice 114.

Vingt et cent. — *Vingt* et *cent* prennent un *s* au pluriel, quand ils ne sont suivis d'aucun autre nombre. Ex. : Quatre *vingts* francs, trois *cents* chevaux, cinq *cents* moutons.

Ils ne prennent pas d'*s* quand ils sont suivis d'un autre nombre. Ex. : Quatre-*vingt-dix* francs, trois *cent douze* chevaux, cinq *cent quarante* moutons.

Règles 92-99. — Ecrivez en lettres les nombres suivants :

8	37	70	100	104	412
12	40	74	200	112	424
16	45	79	300	119	480
18	49	80	400	208	507
23	52	83	500	209	524
27	57	88	600	224	532
29	63	90	700	227	580
34	69	97	800	339	809

Exercice 115.

Règles 92-99. — Copiez, puis écrivez en chiffres les nombres suivants. *Ecrivez* : Quatre cent cinquante-deux hommes, 452 hommes.

Quatre cent cinquante-deux hommes. — Trois cents brebis. — Cinq cents fusils. — Les trois cent soixante-cinq jours de l'année. — Les douze mois de l'année. — Les trente jours du mois. — Deux cent quinze canons. — Cinq cents pommiers. — Trois cent quinze poiriers. — Neuf cent quarante-deux pieds de vigne. — Deux cent quinze abricotiers. — Quatre-vingts pêchers. — Dix-neuf sacs de pommes de terre. — Les seize contrées de l'Europe. — Deux cent quarante-cinq villes. — Neuf cent soixante-dix villages. — Trois cent quarante habitants. — Neuf cents œufs. — Trois cent cinq bœufs. — Huit cent quatre-vingt-dix-huit moutons.

Exercice 116.

Mille. — *Mille* ne prend jamais d'*s*. Ex. : Deux *mille*, quatre *mille*, trois *mille* huit cents.

Mille s'écrit *mil* dans la date des années. Ex. : L'an *mil* huit cent quinze, l'an *mil* huit cent quarante-huit.

Règles 92-99. — Ecrivez en toutes lettres les nombres suivants :

(Nombres.)	(Nombres.)	(Nombres.)	(Dates.)	(Dates.)
1012	2213	3212	L'an 1815	L'an 1328
1025	4609	5380	L'an 1793	L'an 1814
1040	3214	9999	L'an 1789	L'an 1760
1114	5807	3333	L'an 1688	L'an 1812
1217	4509	4444	L'an 1870	L'an 1872
2514	3800	9001	L'an 1808	L'an 1802
2219	4500	4517	L'an 1830	L'an 1837
2314	6214	1798	L'an 1842	L'an 1848

Exercice 117.

Règle 96 — Ecrivez en toutes lettres les nombres ordinaux suivants :

Le 8e	Le 36e	Le 17e	Le 80e	Le 98e
Le 5e	Le 42e	Le 300e	Le 91e	Le 109e
Le 9e	Le 57e	Le 14e	Le 217e	Le 25e
Le 20e	Le 72e	Le 45e	Le 304e	Le 26e
Le 21e	Le 140e	Le 17e	Le 200e	Le 32e
Le 23e	Le 112e	Le 19e	Le 80e	Le 47e
Le 45e	Le 3e	Le 28e	Le 34e	Le 118e
Le 88e	Le 419e	Le 70e	Le 59e	Le 145e

Exercice 118.

Règles 92-99. — Copiez, puis écrivez en chiffres les nombres suivants :

Mille huit cents francs. — Cinq cent quatre-vingt-dix jours. — Trois mille huit cents pommes. — Quatre mille deux cent cinquante hommes. — L'an mil huit cent cinquante. — L'an dix-sept cent quatre-vingt-dix-huit. — L'an huit cent. — L'an mil sept cent quatre-vingt. — Trois mille huit cent douze spectateurs. — Deux mille cinq cent quarante-sept prisonniers. — Trois mille huit cent quatre bottes de foin. — Mille huit cents mulets. — Quatre mille cinq cents habitants. — Neuf mille huit cents arbres. — Quatre mille mètres font une lieue. — Deux mille litres font deux mètres cubes. — Trois mille grammes font trois kilogrammes. — Quatre mille cinq cent soixante-dix-neuf francs. — Huit mille huit cent quatre-vingt-dix-sept kilogrammes. — Cinq mille cinq cents mètres.

Exercice 119.

DURÉE DE LA VIE CHEZ LES ANIMAUX.

Règles 92-99. — Ecrivez les adjectifs numéraux en toutes lettres.

On a découvert qu'un animal vit 5 fois plus de temps que ses os ne mettent à se développer. Le squelette de l'homme est complet à 20 ans, il en faut conclure que nous pouvons vivre de 90 à 100 ans. Le chameau a son squelette complétement achevé à 8 ans, le cheval à 5, le bœuf à 4, le lion à 4, le chien à 2 ans, le chat à 18 mois, le lapin à 12 mois, le cochon d'Inde à 7 mois. En conséquence, le chameau peut vivre 5 fois 8 ans ou 40 ans, le cheval 5 fois 5 ans ou 25 ans. On trouvera de même que la durée moyenne de la vie du bœuf est de 15 à 20 ans; que le lion vit environ 20 ans, le chien de 10 à 12 ans, le chat de 7 à 8 ans, le lapin plus de 5 ans.

Exercice 120.

On ne connaît pas encore la durée naturelle de la vie de l'éléphant. Les auteurs anciens ont écrit que l'éléphant vivait 4 ou 500 ans. Aristote * a dit 200 ans; d'autres ont dit 130, 140, 150 ans; Buffon * dit au moins 200 ans; Cuvier * dit près de 200 et de Blainville * dit 120. Tout ce qu'il y a de certain, c'est que l'éléphant vit plus de 150 ans. Les anciens attribuaient aux animaux une longévité prodigieusement exagérée: le poëte Hésiode * attribuait à la corneille 9 fois notre vie; au cerf, 4 fois la vie de la corneille et 3 fois la vie du cerf au corbeau. D'après cela, en prenant seulement 30 ans pour la vie de l'homme, la corneille vivrait 9 fois 30 ans ou 270 ans; le cerf* vivrait 1080 ans et le corbeau 3240 ans. Il n'est pas besoin de faire remarquer la fausseté de ces chiffres.

Exercice 121.

Outre cette durée ordinaire de la vie, certains individus parviennent à une vieillesse extraordinaire et atteignent jusqu'au double de la vie ordinaire. On cite un berger anglais qui mourut à 152 ans. Sous le règne de Charles Ier, on l'avait fait venir à la cour où, pour lui faire fête, on le fit trop manger ; il mourut d'indigestion. On parle encore d'un autre Anglais qui vécut 169 ans.

On a vu également des animaux dépasser le terme ordinaire de la vie : un cheval vivre 40 ans, un perroquet 100 ans, un chameau 100 ans et un lion 60 ans. Enfin on assure qu'il y a à Fontainebleau des carpes qui ont plus de 300 ans.

Exercice 122.

L'EUROPE.

Règles 92-99. — Ecrivez les adjectifs numéraux en toutes lettres.

L'Europe a une superficie de 977 800 myriamètres carrés. Elle compte 250 millions d'habitants. Elle tient à l'Asie par une frontière continentale de 400 myriamètres*. Toutes ses autres frontières sont maritimes et ont une longueur de 3380 myriamètres.

L'Europe a 1 kilomètre* de côtes par 289 kilomètres carrés. Elle ouvre au commerce des ports innombrables. L'Europe occidentale est à 12 jours de New-York*, à 35 jours du cap de Bonne-Espérance*, à 40 jours du cap Horn*. Par le canal de Suez* on va de Marseille* à Calcutta* en 26 jours, à Canton* en 45 jours, à Sydney* en 2 mois.

Exercice 123.

Les mers du nord et celles du midi de l'Europe ne sont séparées que par de faibles distances. A vol d'oiseau, Hambourg* n'est qu'à 270 lieues* de Marseille, Stettin* à 230 lieues de Trieste*, Arkangel*, sur la mer Blanche, à 480 lieues environ d'Odessa* sur la mer Noire. Ces distances sont encore rapprochées par les grandes lignes de navigation intérieure sur les fleuves et sur les canaux. Ces derniers épargnent au commerce, pour le trajet de la mer du Nord à la mer Noire, 1600 lieues sur 2200.

L'Europe est sillonnée par un nombre infini de grandes routes dont le développement total dépasse 150 000 lieues. En 1865 elle possédait déjà 16 000 kilomètres de chemins de fer qui transportaient chaque année 600 millions de voyageurs. La multiplicité des voies de communication dans la partie du monde que nous habitons suffit pour expliquer la supériorité incontestable du commerce européen.

ADJECTIFS INDÉFINIS.

Exercice 124.

Règles 100-103. — Remplacez les points par l'adjectif au féminin. *Ecrivez* :

Aucun arbre, ... plante.	*Maint* ouvrier, ... ouvrière.
Certain chien, ... chienne.	*Nul* bois, ... forêt.
Quel jour, ... semaine.	*Certain* coq, ... poule.
Tel serviteur, ... servante.	*Tout* homme, ... femme.
Tout animal, ... bête.	*Nul* obstacle, ... barrière.
Un lion, ... lionne.	*Quel* malheur, ... infortune.
Tel sol, ... terre.	*Maint* chapitre, ... page.

Exercice 125.

Règles 100-103. — Mettez au pluriel. *Ecrivez* : Tout le jour, *tous les jours*.

Tout le jour.
Quelque laboureur.
Un livre quelconque.
L'autre fois.
Le même défaut.
Quelle calamité.
Une telle aventure.
Toute la mer.
Tout le pays.
Quelque oiseau.
La même rivière.
Certaine grenouille.
Certain poisson.
Un fruit quelconque.
Tout le canton.
Quelle longueur.
Maint animal.
Certain corbeau.
Le même arbre.
Certaine personne.

ANALYSE DES ADJECTIFS DÉTERMINATIFS.

Exercice 126.

Règle 104. — Analysez :

Ce buisson. — Votre chambre. — Cet oiseau. — Quarante soldats. — Leurs enfants. — Leurs belles maisons. — La quatrième rue. — Le trentième jour du mois. — Ces bons gâteaux. — Ces excellentes brioches. — Cette eau dormante. — Mon épée. — Son histoire. — Ses armes. — Leurs dix doigts. Ton étoile. — Sa hache. — Vos toits. — Cet abîme immense. — Cette lecture intéressante. — Vos ennemis. — Leur capitale. — Mon arbuste. — Quatre-vingts soldats. — Le quarantième jour. — Quelques lieues. — Tous les villages. — Maint artisan. — Aucune gloire.

Exercice théorique 127.

Règles 92-103. — Répondez, à l'aide de la Grammaire, aux questions suivantes :

D. Quelle est la règle de *vingt?* — R.
D. Quelle est la règle de *cent?* — R.
D. Quelle est la règle de *mille?* — R.
D. Comment écrit-on *mille* lorsqu'il s'agit d'une date? — R.
D. Comment forme-t-on les adjectifs ordinaux? — R.
D. Citez les adjectifs indéfinis au masculin. — R.

Exercice lexicologique 128.

Répondez, à l'aide du Lexique, aux questions suivantes :

Quels sont les homonymes de temps ?

Qui était-ce que : Aristote, — Buffon, — Cuvier, — de Blainville, — Hésiode?

Combien y a-t-il de mètres dans un myriamètre, — dans un kilomètre, — dans une lieue?

Où sont situés : New-York, — le cap de Bonne-Espérance, — le cap Horn, — Calcutta, — Canton, — Sydney?

Qu'est-ce que le canal de Suez?

Où sont situés : Hambourg, — Stettin, — Trieste, — Arkangel, — Odessa?

Qu'est-ce que : le cabotage, — la bière, — la betterave?

FORMATION DES MOTS.

On connait la lettre finale d'un mot en cherchant les mots qui en sont formés et que l'on nomme ses dérivés.

Par exemple, *fusil* s'écrit avec un *l* à la fin, parce qu'il a le verbe *fusiller* pour dérivé. *Drap* s'écrit avec un *p* à la fin, parce qu'il a le substantif *draperie* pour dérivé.

Exercice 129.

Trouvez des noms terminés par *ac, ap, as, at,* et qui ont servi à former les mots suivants :
Ecrivez : *Stomacal* vient d'*estomac.*

Stomacal.	Fatuité.	Candidature*.	Chatte.
Draperie.	Combattre.	Mandataire*.	Légation*.
Fracasser.	Débattre.	Embarrasser.	Eclater.
Célibataire*.	Matelasser.	Tasser.	Rabattre*.
Echalasser.	Damasser*.	Soldatesque.	Ratière.
Tabagie.	Trépasser.	Acheter.	Plateau.

Exercice 130.

Trouvez des noms terminés par *an, anc, and, ang, ant, amp, eng, ens, ent,* et qui ont servi à former les mots suivants :
Ecrivez : *Bannir* vient de *ban.*

Bannir*.	Rubanier.	Présidentiel.	Dépenser.
Camper.	Gantelet.	Pédanterie.	Sensé.
Banquette.	Brigandage.	Oriental.	Centaine.
Ranger.	Chanter.	Occidental.	Monumental.
Sanguinaire.	Accidentel.	Harengère.	Planter.
Champêtre.	Encenser.	Elémentaire.	Dentition.

Exercice 131.

Trouvez des noms terminés par *ai, aie, ais, ait, ect, er, ès, et, êt,* et qui ont servi à former les mots suivants :
Ecrivez : *Balayer* vient de *balai.*

Balayer.	Biaiser.	Crocheter.	Arrêter.
Déblayer*.	Laitage.	Apprêter.	Jarretière.
Payer.	Bienfaiteur.	Gaucherie.	Prêteur.
Rayer.	Portraiture.	Excessif.	Bouquetière.
Accessible*.	Souhaiter.	Mousqueterie.	Rejeter.
Rabaisser.	Boucherie	Respectable.	Arrêter.

Exercice 132.

Trouvez des noms terminés par *i, ie, il, is, it, ix*, et qui ont servi à former les mots suivants :
Ecrivez : Fusiller vient de *fusil.*

Fusiller.	Tapisserie.	Industrieux.	Erudition.
Griller.	Marquisat.	Furieux.	Profitable.
Outillage.	Mépriser.	Débiter.	Acquitter.
Sourciller.	Priser *.	Discréditer *.	Ecriture.
Vernisser.	Mariage.	Se dédire.	Briser.

Exercice 133.

Trouvez des mots terminés par *in, inct, aim, ain, aint, ein, eing*, et qui ont servi à former les mots suivants :
Ecrivez : Butiner vient de *butin.*

Butiner *.	Essaimer.	Châtelaine.	Succinctement
Crainte.	Pleinement.	Signature *.	Jardinier.
Grainetier.	Réfréner *.	Souveraineté.	Prochainement
Vilainement.	Sérénissime *.	Naine *.	Coquinerie.
Crinière.	Rénal *.	Chagriner.	Finement.
Pèlerinage.	Dessinateur.	Festiner.	Humainement.

Exercice 134.

Trouvez des mots terminés par *os, ot, op, oc, aud, aut, aux*, et qui ont servi à former les mots suivants :
Ecrivez : ossement vient d'*os.*

Ossement.	Proposer.	Cahoter.	Faussement.
Raboter.	Hauteur.	Fagoter.	Sirupeux *.
Galoper.	Echafauder.	Abricotier.	Comploter.
Accrocher.	Crapaudine *.	Reposer.	Doter.
Escroquer.	Sauteur.	Héroïsme.	Tripoter *.

Exercice 135.

Formez un adjectif terminé en *ible* avec chacun des mots suivants :
Ecrivez : Accès a pour adjectif correspondant *accessible.*

Accès. [sion.	Flexion *.	Destruction.	Sentir *.
Compréhen-	Submersion *.	Perception *.	Diviser.
Admission.	Fusion *.	Prescription *.	Lire.
Compression.	Vision.	Réduction.	Nuire.
Extension.	Corruption.	Transmission.	Traduire.

Exercice 136.

Formez un nom ou un adjectif terminé en *teur* avec chacun des mots suivants :
Ecrivez : Production a pour adjectif correspondant *producteur.*

Production.	Administration	Approbation.	Condensation
Traduction.	Admiration.	Collaboration *	Conservation. *
Abréviation.	Adoration.	Collection.	Consolation.
Accusation.	Agitation.	Compilation *.	Consommation
Action.	Appréciation.	Composition.	Construction.

Exercice 137.

Formez un adjectif avec chacun des noms suivants :
Ecrivez : *Fadeur* a pour adjectif correspondant *fade*.

Fadeur.	Roideur.	Longueur.	Labeur.
Froideur.	Rondeur.	Douleur.	Blancheur.
Laideur.	Verdeur.	Langueur.	Noirceur.
Lourdeur.	Largeur.	Rigueur.	Fraîcheur.
Profondeur.	Rougeur.	Vigueur.	Pâleur.

Exercice 138.

Formez un adjectif avec chacun des noms suivants :
Ecrivez : *Rudesse* a pour adjectif correspondant *rude*.

Rudesse.	Noblesse.	Jeunesse.	Paresse.
Sagesse.	Souplesse.	Allégresse.	Délicatesse.
Ivrognesse.	Gentillesse.	Ivresse.	Adresse.
Hardiesse.	Vieillesse.	Sécheresse.	Mollesse.
Faiblesse.	Finesse.	Tendresse.	Politesse.

Exercice lexicologique 139.

Répondez aux questions suivantes à l'aide du Lexique.

Qu'est-ce que : un célibataire, une candidature, un mandataire, une légation, une prescription, une compilation, une signature, une crapaudine, une flexion, une submersion, une fusion, une perception, une collaboration, une condensation ?

Que signifient : accessible, rénal, sirupeux, bannir, réfréner, déblayer, damasser, sérénissime, rabattre, priser, discréditer, butiner, tripoter?

Exercice théorique 140.

Répondez, à l'aide de la Grammaire, aux questions suivantes :

Comment s'y prend-on pour connaître la lettre finale d'un adjectif?

Comment distingue-t-on *le*, *la*, *les*, article, de *le*, *la*, *les*, *pronoms personnels ?*

Quelles sont les deux significations de *me*, *te*, *nous*, *vous*, *se ?* Donnez deux exemples de chacune.

Comment s'appellent encore les pronoms *se*, *soi?*

Donnez deux exemples contenant *notre*, *votre*, adjectifs possessifs; donnez deux exemples contenant *le nôtre*, *le vôtre* pronoms possessifs.

ORTHOGRAPHE USUELLE.

Exercice 141.

UNE MAISON.

Copiez le devoir en soulignant les mots en italiques; faites ensuite la liste de ces mots, que vous rangerez sous le titre de *Mots relatifs aux maisons.*

J'ai visité la nouvelle *bâtisse* qu'un de mes parents vient de faire construire à la campagne. Elle se compose d'un *rez-de-chaussée**, d'un premier *étage*, d'un *grenier* disposé en *mansardes** et surmonté d'un *belvédère**. La *façade* est construite en *briques*, les *pignons* et le *derrière* en *moellons*. Ces dernières parties sont enduites à *chaux* et à *ciment**. La *porte* d'entrée est à deux *battants*, pleine, à *panneaux* en *chêne* fort solides. Elle mène dans un *vestibule** d'où part un *corridor* qui partage la *maison* en deux moitiés. La moitié de droite se compose d'une *antichambre*, d'une *salle à manger*, d'un *salon* et d'un *cabinet* de travail. La moitié de gauche est occupée par une *buanderie**, la *cuisine*, l'*office** et une *salle de bain*.

Même exercice 142.

Du *vestibule* part un *escalier* garni d'une *rampe* conduisant au premier *étage* et au *grenier*. Ce premier *étage* se compose de quatre *chambres à coucher* de chacun des deux côtés, séparées par une *galerie* plus large que le *corridor* d'en bas. Chaque *chambre* a un *parquet* en *point de Hongrie** et un *plafond lambrissé**. Aucune n'a d'*alcôve*, parce qu'on a reconnu que l'*air* ne pénètre pas assez dans ces sortes de *cellules*. Les *croisées* sont larges et hautes, garnies de *fenêtres* d'un nouveau modèle, fermant au moyen d'une *espagnolette*, protégées au dehors, les unes par des *contrevents*, les autres par des *jalousies*, d'autres encore par des *persiennes*. Nulle *cheminée* ne fume. Toutes sont ornées de *chambranles** en *marbre* et disposées de telle sorte, qu'on peut allumer dans l'*âtre** le *feu* le plus ardent sans craindre l'*incendie*.

Même exercice 143.

Une attention minutieuse a veillé aux détails de la *menuiserie* et de la *serrurerie*. Pas une *porte* qui crie en tournant sur ses *gonds*, pas un *verrou* qui grince, pas un *pêne** qui joue mal dans la *serrure*. Une belle *boiserie* revêt chaque *trumeau**.

Le *grenier* est remarquable par sa belle *charpente* : les *fermes**, les *sablières**, les *pannes**, les *chevrons** sont en bois d'excellente qualité, les *lattes* sont en *cœur de chêne;* le *toit* est couvert en *ardoises*. Le *rez-de-chaussée* est presque aussi sec que le premier *étage*, attendu qu'on a construit par-dessous un *cellier* et une *cave* aérée par un *soupirail.*

Exercice lexicologique 144.

Répondez aux questions suivantes à l'aide du Lexique.

Qu'est-ce que : un belvédère, une mansarde, du ciment, un vestibule, la buanderie, l'office, un lambris, un chambranle, l'âtre, un pêne, une ferme, une sablière, une panne, un chevron, un trumeau, un rez-de-chaussée?

Exercice 145.

LES ALIMENTS.

Copiez le devoir en soulignant les mots en italiques et faites ensuite la liste de ces mots, que vous mettrez sous le titre de *Mots relatifs aux aliments.*

Indépendamment d'*aliments* de nature minérale*, comme le *sel marin,* l'homme a besoin pour conserver sa *vie* de deux autres sortes d'aliments : la classe des *aliments réparateurs* et la classe des *aliments respiratoires*. Les premiers remplacent les *matériaux* qui sont éliminés* du *corps;* les seconds nous fournissent de la *chaleur*.

Parmi les aliments réparateurs on range en première ligne : le *pain,* les *graines* des *légumineuses* telles que le *haricot,* le *pois,* la *lentille,* la *fève de marais,* mais par-dessus tout la *viande* de *boucherie*. Qui ne connaît les *propriétés nutritives* du *bœuf rôti,* du *gigot,* d'une bonne *côtelette de mouton,* d'un excellent *bifteck,* d'une *entre-côtes,* d'un beau *filet de bœuf?* Puis vient la *volaille,* puis la *marée**, puis le *poisson d'eau douce.*

Même exercice 146.

Les aliments respiratoires comprennent : les *fécules,* les *graisses* et les *huiles,* les *sucres,* les *liqueurs alcooliques*. La *pomme de terre* ne se compose presque que de *fécule,* et l'on sait quels services elle nous rend. On range au nombre des *graisses* : le *beurre,* le *saindoux* et le *lard*. Il y a l'*huile d'olive,* l'*huile de faine**, l'*huile de pavot* ou *huile d'œillette,* l'*huile de noix*. La *canne à sucre* et la *betterave* produisent le même *sucre*. Le *raisin* et les *fruits* contiennent une autre *matière sucrée,* appelée *glucose**. C'est dans la classe des *liqueurs alcooliques* qu'il faut placer le *vin,* l'*alcool* ou *esprit-de-vin,* l'*eau-de-vie,* le *rhum,* le *kirsch,* la *bière* et le *cidre.*

Même exercice 147.

Le *lait* réunit toutes les qualités de ces divers aliments. Il contient du *beurre,* qu'on extrait de la *crème,* du *fromage,* matière très-nourrissante, une espèce particulière de *sucre* et beaucoup de *sel*.

L'homme a encore à sa disposition toutes sortes de *légumes* : le *chou*, le *navet*, le *panais*, la *carotte*, l'*artichaut*, l'*asperge*, les *épinards*, l'*oseille*, les *salades*, telles que la *laitue*, la *romaine*, la *scarolle*, la *chicorée*, le *cresson*, le *pourpier*.

Tous les aliments sont assaisonnés avec du *sel**, du *poivre**, du *piment*, de la *cannelle*, de la *muscade*, du *clou de girofle*, du *thym*, des *feuilles de laurier*, de la *moutarde**, du *vinaigre**.

Exercice 148.

LES VÊTEMENTS.

Copiez le devoir en soulignant les mots en italiques et faites ensuite la liste de ces mots, que vous mettrez sous le titre de *Mots relatifs aux vêtements*.

L'*homme* par son *industrie* se procure des *vêtements* qui le mettent à l'abri des *intempéries de l'air*. Les *plantes textiles**, le *lin*, le *chanvre*, le *coton*, l'*ortie*, lui donnent une *filasse* qu'il convertit en *toile*, en *batiste**, en *cotonnade*, en *calicot*, en *indienne*. Le *ver-à-soie* nous donne la *soie*, le *satin* et le *velours*.

Avec la *laine* des *brebis* on confectionne d'autres étoffes non moins précieuses : le *drap*, la *flanelle*, le *molleton*.

Même exercice 149.

L'homme est vêtu d'une *chemise*, d'un *caleçon*, d'un *pantalon*, d'un *gilet*, d'une *veste*, d'un *habit*, d'un *paletot*, d'une *redingote* ou d'une *blouse*. Il a, en outre, une *cravate* dont la mode a été introduite sous Louis XIV* par un régiment de Croates ou Cravates. Quant au *gilet*, il doit son nom à l'habitude qu'avaient les Gilles ou bouffons de théâtre de revêtir cette sorte d'habit en paradant sur les tréteaux. La *jaquette* est ainsi dite par allusion aux Jacques, paysans révoltés du quatorzième siècle.

Même exercice 150.

Autrefois les *bas* s'appelaient *chausses*, et le *pantalon* était remplacé par un *haut-de-chausses*. En ce temps on portait un *pourpoint*, qui couvrait le *corps** depuis le *cou** jusqu'à la *ceinture*. Le *linge*, aujourd'hui si commun et à si bon *marché*, était, il y a quelques siècles, très-rare et très-cher. On s'extasiait de l'opulence de la reine Isabeau de Bavière*, laquelle possédait quelques *chemises*. La reine Catherine de Médicis* se montrait fière de deux *chemises de toile* qu'elle avait réussi à se procurer.

Exercice 151.

L'OUTILLAGE D'UNE FERME.

Copiez le devoir en soulignant les mots en italiques et faites ensuite la liste de ces mots, que vous mettrez sous le titre de *Mots relatifs à l'outillage d'une ferme.*

Qui pourrait énumérer complétement tous les objets que doit posséder une *ferme* en pleine *exploitation?* Sans parler du *harnachement* des chevaux, des *colliers,* des *longes,* des *brides* avec leur *mors**, si l'on parlait des *attelages* on en ferait une longue liste. On trouve dans une *ferme, char, chariot, charrette, carriole, tombereau.* Puis viennent les diverses *charrues* avec ou sans *avant-train*, entre autres l'*araire*, la plus simple de toutes. Celle-ci se compose des *manches,* de l'*age* ou *flèche,* du *coutre,* du *soc,* du *sep**, du *semoir* ou *oreille* et du *régulateur.*

Même exercice 152.

Indépendamment des *charrues,* on a pour remuer la terre : la *bêche,* la *herse,* la *fourche.* Il faut un *rouleau* pour *plomber* la *terre,* une *herse,* une *binette* pour *serfouir,* un *buttoir,* une *pompe à purin* pour l'*arrosage* des *fumiers.* Puis un *semoir* et les divers *instruments* de la *moisson,* comme la *faucille,* la *sape flamande,* plus son *crochet,* la *faux* avec ses *accessoires,* savoir : la *ceinture,* le *coffin**, l'*enclume portative,* le *marteau,* la *faux* garnie d'un *râteau* pour la *récolte* de l'*avoine.* Grâce à ce *râteau,* les *chaumes* de cette *céréale* peuvent être rangés en *andains.*

Même exercice 153.

Pour battre le *blé,* on se sert d'un *fléau* ou d'une *machine à battre.* Les grains sont nettoyés au moyen du *van* et du *tarare.* Dans l'intérieur de la ferme il faut un *coupe-racines* pour la préparation des *provendes**, un *hache-paille,* plusieurs *cribles,* une *baratte* ou *machine à battre le beurre,* un assortiment d'*outils* pour le *drainage.*

Exercice 154.

LES ANIMAUX DOMESTIQUES.

Copiez le devoir en soulignant les mots en italiques et faites ensuite la liste de ces mots, que vous mettrez sous le titre de *Mots relatifs aux animaux domestiques.*

On distingue les animaux en *animaux domestiques,* que l'homme élève dans sa demeure en vue des *profits* qu'il en retire, et en *animaux sauvages,* qui errent librement dans la *campagne.*

Les principaux animaux domestiques sont : le *chien,* gardien et compagnon de l'homme; le *chat,* destructeur des *rats* et des *souris*; le *cheval*, qui traîne nos *fardeaux* et exécute les *opérations du labourage*; la *jument*, le *poulain*, l'*âne* et l'*ânesse* qui tiennent lieu de *cheval* au *pauvre*; le *bœuf*, animal de *trait*, qu'on engraisse ensuite et qui fournit la *viande de boucherie* et dont la *peau** est convertie en *cuir*; la *vache*, avec le *lait** de laquelle on fait le *beurre* et le *fromage*; la *brebis*, dont la *chair** et la *toison laineuse* nous sont également utiles.

Même exercice 155.

Il convient de citer encore le *cochon* ou *porc**, base de la *nourriture* dans les *campagnes*, les *lapins*, enfin les nombreuses *légions* de la *basse-cour* : les *poules*, qui s'enorgueillissent d'obéir au *coq*; les *oies* qui faisaient les *délices* de nos pères; les *canards*, si faciles à élever; les *dindons*, originaires d'Amérique*; les *pintades* ou *poules d'Afrique**; les *faisans**, transportés du Caucase* en Europe; les *paons** dont la queue semble couverte des yeux d'Argus*; les *pigeons*, dont la *chair* est excellente, mais qui commettent de grands *dégâts* dans les champs*.

Exercice lexicologique 156.

Répondez aux questions suivantes à l'aide du Lexique.

Que signifie l'adjectif minéral?

Qu'est-ce que : la marée, la faîne, le glucose, le sel, le poivre, la moutarde, le vinaigre, une plante textile, la batiste, les provendes, un faisan, un coffin?

Que signifie le verbe éliminer?

Qu'est-ce que : la Hongrie, l'Amérique, l'Afrique, le Caucase?

Exercice 157.

LES ANIMAUX SAUVAGES.

Copiez le devoir en soulignant les mots en italiques et faites ensuite la liste de ces mots, que vous mettrez sous le titre de *Mots relatifs aux animaux sauvages*.

Parmi la *multitude* des animaux qui peuplent nos campagnes, il en est qui ont fixé de tout *temps* l'attention de l'homme. Les principaux sont : le *loup*, que la *faim** porte à déclarer la guerre à nos troupeaux; le *renard*, l'ennemi des poulaillers; le *sanglier*, dont la femelle se nomme *laie* et les petits *marcassins*, dont les *défenses* sont redoutables et dont la *hure* constitue un *mets* très-estimé; le *cerf* et la *biche* avec leur *faon*; le *chevreuil* si gracieux; le *daim*, sorte de *cerf*; le *lièvre*, tant poursuivi par les chasseurs.

Même exercice 158.

A cette liste il faut ajouter le *lapin de garenne*, qui se creuse un *terrier*; le *putois*, la *fouine* et la *belette*, dont on redoute les ravages dans les *basses-cours*; le *furet*, l'implacable *ennemi* de Jeannot *lapin*; la *loutre*, qui pêche le *poisson* des étangs et des ruisseaux et que les Bretons*, à raison de ses *habitudes aquatiques*, appellent un *chien d'eau*; le *blaireau*, qui ne sort que la nuit de son *terrier*, qui fournit une *fourrure* grossière et dont les *poils* servent à faire des *brosses* et des *pinceaux*; le gentil *écureuil*, qui saute d'un arbre à l'autre de nos *futaies*; la *chauve-souris*, le *hérisson*, la *musaraigne*, les *taupes* qui se nourrissent d'*insectes*.

Même exercice 159.

L'*air* est aussi peuplé que le *sol** : il forme l'empire où dominent les *oiseaux de proie*, l'*effraie* et le *chat-huant* qu'il ne faut pas détruire. Tout le monde connaît le *coucou*, l'*hirondelle*, le *passereau* ou *moineau-franc*, vulgairement appelé *pierrot*, le *corbeau*, la *corneille*, la *pie*, le *geai*; la *troupe* des *oiseaux* chanteurs : le *rossignol*, la *fauvette*, le *chardonneret*, ainsi appelé parce qu'il se nourrit de la *graine* des *chardons*, la *linotte*, le *pinson*, dont la *gaieté* anime nos *jardins*; le *sansonnet*, le *bouvreuil*, le *bruant*, le *merle*, la *mésange*, le *rouge-gorge* et bien d'autres encore. Le *pétrel*, le *goëland*, la *mouette*, l'*hirondelle de mer* ont un *vol* si puissant que la *mer** semble être leur *habitation* plutôt que le rivage.

Exercice lexicologique 160.

Répondez, à l'aide du Lexique, aux questions suivantes :

Quels sont les homonymes de pêne, de corps, de cou, de mors, de sep, de porc, de lait, de chair, de peau, de paon, de champ, de faim, de sol, de mer?

Que savez-vous de Louis XIV, d'Isabeau de Bavière, de Catherine de Médicis, d'Argus, des Bretons?

DU PRONOM.

PRONOMS PERSONNELS.

Exercice 161.

Règle 109. — Indiquez la personne et le nombre de chaque pronom personnel. *Écrivez : Je* (1re pers. du sing.) *vous* (2e pers. du plur.) invite.

Je vous invite.	*Vous les* avertirez.
Tu la blâmes.	*Nous leur* écrivons.
Nous lui reprochons.	Donne-*moi* du papier.
Elles lui parlent.	Accorde-*lui* de sortir.

Nous en causons.
Ils te félicitent.
Vous nous encouragez.
Elle me dira.
Il se promène.
Nous en parlons.
Dieu *y* pourvoira.
Je le fuirai.
Je te remercie.
Si *tu t'*adresses à *eux*.

Exercice 162.

Règles **111** à **115**. — Copiez et expliquez le sens du second pronom. *Ecrivez* : Je *les* aime beaucoup, *c'est-à-dire* j'aime beaucoup eux.

Je *les* aime beaucoup. — Tu *nous* annonces une bonne nouvelle. — Il *se* promène dans le parc. — Je *lui* porterai secours. — Elle *nous* écoutera. — Si le raisin est mûr, j'*en* cueillerai. — J'ai reçu cette lettre et il faut que j'*y* réponde. — On *m'*a transmis vos propositions, j'*y* réfléchirai. — Nous visiterons les pays étrangers; nous *leur* emprunterons plus d'une institution.

Même exercice 163.

Quand on *nous* aura confié cet enfant, nous *lui* enseignerons les langues étrangères. — Comme j'aime cette plante, je *la* planterai dans mon jardin. — Je ne *t'*approuve pas. — Je *te* permets de sortir. — Il *m'*ordonne d'attendre. — M'as-*tu* attendu longtemps? — Nous *vous* exhortons à la persévérance. — Je *le* crois paresseux. — Je *lui* crois du talent.

Exercice 164.

Règle **121**. — Remplacez les points par le pronom possessif convenable. *Ecrivez* : Nous avons achevé nos labours; as-tu terminé *les tiens?*

Nous avons achevé nos *labours*; as-tu terminé *les t...*?

Vos *terres* sont sablonneuses, *les n...* sont argileuses*.

Nous commençons nos *vendanges*; ton père et ton oncle ont-ils commencé *les l...*?

Nous avons couvert notre *hangar* en chaume, vous avez couvert *le v...* en tuile.

Les *rosiers* de mon oncle sont plus beaux que *les n...*

Il y a des hypocrites qui voient une paille dans l'*œil* de leur voisin et qui ne voient point une poutre qui se trouve dans *le l...*

Les *chevaux* corses et les *chevaux* irlandais sont si petits qu'ils ne pourraient certainement pas exécuter les mêmes travaux que *les n...*

Mes *blés* ont été semés plus dru que *les t ..*; mais tes *avoines* sont mieux fournies que *les n...*

Exercice 165.

Règle 121. — Copiez et mettez les phrases suivantes au pluriel. *Ecrivez* : Cette voiture est la nôtre; *ces voitures sont les vôtres.*

Cette voiture est la nôtre.
Ce livre est le mien.
Cette opinion est la nôtre.
Cette propriété est la vôtre.
Ce champ est le leur.
Ce moulin est le sien.
Cette habitation est la sienne.
Ce pays est le nôtre.
Cette armoire est la vôtre.
Cette maison est la mienne.
Ce costume est le vôtre.
Cette habitude est la tienne.
Cette invention est la vôtre.
Cette horloge est la nôtre.
Ce bœuf est le mien.
Cette basse-cour est la nôtre.

Exercice 166.

Règle 123. — Employez *notre, votre* ou *le nôtre, le vôtre. Ecrivez* : Ne forçons point *n...* talent.

Ne forçons point *n...* talent.

Vous êtes laboureurs et nous vignerons : *n...* profession a beaucoup de ressemblance avec *la v...*

Les armes de nos devanciers étaient moins parfaites que *les n...*, et cependant leurs batailles étaient plus sanglantes que *les n...*

N... commerce d'exportation* est plus important *que n...* commerce d'importation*.

La fierté des Espagnols* est plus grande que *la n...*

Les forêts du Nouveau Monde* sont plus vastes et plus majestueuses que *les n...*

N... procédé pour la fabrication des vins est meilleur que celui des Romains, qui avaient l'habitude d'enfumer les produits de leurs vignobles. Nous nous garderions bien de gâter ainsi *les n...*

Exercice théorique 167.

Règle 124. — Copiez et indiquez l'antécédent de chaque pronom relatif. *Ecrivez* : La pluie *qui* tombait à torrents nous a empêchés de sortir. *Pluie,* antécédent de *qui.*

La pluie *qui* tombait à torrents nous a empêchés de sortir.

La terre *que* tu as défrichée était couverte de bruyères.

Tu as bien fait de m'avertir que cette année est bissextile*; c'est ce à *quoi* je ne pensais pas.

Les poulets *dont* on nous a envoyé un spécimen appartiennent à la race de Houdan*.

Nous espérons beaucoup du protecteur à *qui* nous nous sommes adressés.

C'est vous et moi *qui* soumissionnerons ces travaux.

Les Alpes*, *desquelles* descendent plusieurs grands fleuves, sont les plus hautes montagnes que l'on trouve en Europe.

Les mines* d'or et d'argent *que* l'on exploitait dans le Midi de la France sont abandonnées depuis longtemps.

Exercice 168.

Règle 127. — Copiez et mettez au féminin. *Ecrivez* : *Le jeune garçon* pour *lequel* j'ai cherché un emploi, *la jeune fille* pour *laquelle* j'ai cherché un emploi.

Le jeune garçon pour *lequel* j'ai cherché un emploi.
Le directeur auquel vous avez été recommandé.
Le pauvre duquel nous avons eu pitié.
L'instituteur duquel nous prenons des leçons.
Le protecteur auquel je me suis adressé.
L'ambassadeur duquel vous avez connu la famille.
Le berger pour *lequel* je gardais les moutons.
Le monsieur avec *lequel* il a eu une discussion.
L'âne sur *lequel* je suis monté.
Le loup après *lequel* on a couru.
L'hôte chez *lequel* nous avons séjourné.
Le paysan avec *lequel* j'ai voyagé.

Exercice 169.

Règle 130. — Remplacez les points par un pronom indéfini choisi convenablement parmi ceux qui s'écrivent toujours de la même manière.

Nous avons des yeux de lynx* pour découvrir les défauts d'*a*...

Q... aime le travail réussit tôt ou tard.

O... taille mieux les arbres aujourd'hui qu'*o*... ne le faisait autrefois.

Pl... disent sans preuves que les feuilles de ronce donnent la fièvre.

P... n'aurait cru autrefois que la lumière ferait un jour l'office du dessinateur.

Loin d'épuiser une matière, *o*... n'en doit prendre que la fleur.

Chacun se dit ami; mais fou qui s'y repose : *r*... n'est plus commun que le nom, *r*... n'est plus rare que la chose.

Les délicats sont malheureux : *r*... ne saurait les satisfaire.

Exercice 170.

Règle 131. — Copiez et mettez au féminin. *Ecrivez* : *Chacun* de nous remplira son devoir, *chacune* de nous remplira son devoir.

Chacun de nous remplira son devoir.

De *tous* les *jeunes garçons* qui voient aujourd'hui le jour, il n'en est *aucun* qui le verra dans cent ans.

J'ai donné une récompense à *chacun* de mes *fils*.

Mes deux *neveux* m'ont écrit : *l'un et l'autre* sont *contents* de leur condition.

Quelques-uns des *hommes* qui ont eu le choléra y ont échappé.

Ces deux *infortunés* se secourent *l'un l'autre*.

Quelqu'un de mes *petits-fils* cueillera les fruits de l'arbre que je plante aujourd'hui.

Parmi les *Français* il n'en est *aucun* qui n'aime pas sa patrie.

Chacun de mes *fils* recevra une bonne éducation.

Exercice théorique 171.

Répondez, à l'aide de la Grammaire, aux questions suivantes :

Dressez la liste des pronoms personnels.

Que signifient *lui* et *leur*, pronoms personnels?

Que signifient les pronoms *en* et *y*?

Dressez la liste des pronoms relatifs?

Qu'appelle-t-on antécédent d'un pronom relatif?

Quand les mots *aucun, certain, nul, plusieurs, tel, tout*, sont-ils adjectifs indéfinis; et quand sont-ils pronoms indéfinis?

RÉCAPITULATION GÉNÉRALE SUR LE NOM, LE PRONOM ET L'ADJECTIF.

Exercice 172.

L'ARGENT BIEN EMPLOYÉ.

Ecrivez d'une manière convenable les mots entre parenthèses.

Un négociant avait invité plusieurs de (*ces, ses*) (*ami*) à dîner à sa maison de campagne située sur les (*bord*) de la mer. Pour les allécher davantage il (*leur*) avait promis de les régaler d'un plat de (*lamproie*), (*poisson*) de mer qui étaient alors fort (*rare*) et très-(*recherché*). Les (*convive*), après qu'on leur eut servi divers autres (*mets*), virent enfin apporter un plat surmonté d'un couvercle qui leur en cachait le contenu. (*Tout*) crurent que (*c', s'*) était (*ce, se*) mets exquis dont (*leur*) imagination (*ce, se*) réjouissait d'avance. Mais (*quel*) ne fut pas leur surprise quand on découvrit ce plat, qui ne contenait que (*quelque*) (*pièce*) d'or!

Même exercice 173.

L'amphitryon* prenant alors la parole : « Mes (*ami*), leur dit-il, je m'étais engagé à vous régaler de (*lamproie*); mais (*elle*) sont très-(*cher*) (*cet*) année-ci, et (*elle*) ne (*ce, se*) vendent pas moins de (20) (*franc*) pièce. Or il existe dans (*ce, se*) village un pauvre journalier qui (*ce, se*) trouve avec (*tout*) sa famille, composée de sa femme, de (*ces, ses*) (*vieil*) (*parent*) et de (*ces, ses*) (*jeune*) (*enfant*), dans la plus (*affreux*) misère. Avec la somme que coûterait (*ce, se*) plat, on nourrirait (*ces, ses*) (*pauvre*) gens pendant plusieurs (*mois*). Voici donc (*ce, se*) que je vous propose : Consentez à faire le sacrifice des (*lamproie*), et (*ces, ses*) (*quelque*) (*pièce*) d'or que vous voyez ici serviront à soulager (*cet*) (*poignant*) infortune. »

Même exercice 174.

Les (*convive*) de (*ce, se*) généreux négociant acclamèrent (*ces, ses*) paroles; (*il*) s'écrièrent tout d'une voix qu'(*il*) s'associaient à la bienfaisante pensée de leur hôte, et ajoutèrent chacun une pièce d'or à (*celle*) qu'il y avait déjà dans le plat. Grâce à leur générosité, la (*pauvre*) famille fut tirée de la misère (*présent*). Mais (*il*) ne (*ce, se*) contentèrent pas de (*ce, se*) premier bienfait et procurèrent au pauvre journalier un emploi qui lui assura du pain pour le reste de (*ces, ses*) jours.

Exercice 175.

L'UNION.

Ecrivez d'une manière convenable les mots entre parenthèses.

Un fermier avait ses (*fils*) qui ne vivaient pas en (*parfait*) intelligence les uns avec les autres. (*Leur*) querelles (*quotidien*) étaient le sujet des (*conversation*) (*habituel*) des gens du voisinage, conversations dans (*lequel*) la charité aurait souvent trouvé à redire. Bien plus, (*certain*) personnes songeaient à tirer parti de (*ces, ses*) (*dissension*) intestines et à manœuvrer de (*tel*) sorte que la (*majeur*) portion de l'héritage tombât entre leurs (*main*); car le fermier, cloué sur son lit de douleur, s'attendait à une fin (*prochain*).

Même exercice 176.

Pour prévenir (*ces, ses*) (*coupable*) desseins*, le bon père rassembla un jour (*ces, ses*) (*enfant*), et (*leur*) présentant un faisceau de sept (*bâton*) liés ensemble, il leur dit : « Mes (*cher*) enfants, vous voyez (*ce, se*) faisceau, à celui d'entre vous qui le pourra rompre j'accorde deux (*cent*) écus à prélever sur mon héritage. » Aussitôt tous les fils essayèrent l'un après l'autre de briser le faisceau; mais, malgré leurs efforts, ils ne purent y parvenir. Force leur fut d'avouer (*leur*) impuissance.

Même exercice 177.

Alors le malade saisit le faisceau, en dénoua les (*lien*), puis, prenant l'un après l'autre chacun des sept (*bâton*), le cassa sans beaucoup de peine, quoique (*ces, ses*) forces fussent épuisées. (*Ces, ses*) (*enfant*) contemplaient (*ce, se*) spectacle avec étonnement. « Mon action vous paraît étrange, leur dit alors le malade : elle a cependant une signification bien (*naturel*) pour quiconque réfléchit un peu. Aucun de vous ne peut briser ce faisceau quand les (*élément*) en demeurent unis; mais dès qu'on les sépare, on les casse avec la plus (*grand*) facilité.

Même exercice 178.

» Que cet exemple vous profite, mes (*enfant*). Si vous bannissez d'au milieu de vous (*ces, ses*) (*rivalité*), (*ces, ses*) (*altercation*) qui empoisonnent les quelques (*jour*) qu'il me reste à vivre, vous serez forts contre (*tout*) les (*attaque*), d'où (*qu'elle*) viennent, et vous les repousserez aisément. Mais si la discorde s'introduit parmi vous, vous serez impuissants contre les (*mille*) (*individu*) intéressés à vous nuire. (*Ces, ses*) (*bien*) que j'ai si péniblement amassés, vous ne pourrez les conserver; (*il*) deviendront la proie de (*ces, ses*) (*spéculateur*) (*éhonté*) qui, (*semblable*) à des (*oiseau*) de malheur, s'abattent sur tout ce qui (*leur*) profite. »

Exercice 179.

LE CHARLATAN.

Ecrivez d'une manière convenable les mots entre parenthèses.

Un dimanche, vers le soir, un voyageur très-bien mis entra dans la (*meilleur*) auberge d'un village, où il se fit servir un dîner succulent et une bouteille d'excellent vin. A peine eut-il avalé les (*premier*) bouchées, qu'il (*ce, se*) prit à gémir et à pousser des (*cri*) (*plaintif*), déclarant qu'il souffrait des (*douleur*) de dents les plus (*vif*), et qu'il désirerait pour beaucoup en être soulagé. A peine avait-il prononcé (*ces, ses*) (*parole*) qu'un nouvel étranger (*ce, se*) présentait et se faisait modestement servir dans un coin un verre de vin.

Même exercice 180.

Dès qu'il eut connu (*ce, se*) qui incommodait tant le premier voyageur, il s'écria : « Cessez vos (*plainte*), j'ai précisément dans (*cet*) valise un remède efficace contre votre mal. Prenez un peu de cette poudre, et appliquez-en sur votre dent malade ; la douleur, quelque (*vif*) et (*aigu*) qu'elle soit, s'évanouira comme par enchantement. » Le prétendu patient ne (*ce, se*) le fit pas dire deux (*fois*) : il s'appliqua la poudre et à peine (*quelque*) minutes s'étaient-elles écoulées qu'il dit à l'empirique* : « Quel remercîment ne vous dois-je pas pour votre remède! Il a déjà opéré, et je ne souffre plus. Acceptez donc cette pièce de cinq (*franc*) et veuillez partager mon dîner. » Le sauveur se garda bien de refuser.

Même exercice 181.

Cependant ceux qui avaient assisté à (*cet*) scène n'eurent rien de plus pressé à faire que de (*ce, se*) munir chacun de (*quelque*) (*paquet*) de la (*précieux*) poudre. L'inconnu en débita plusieurs (*centaine*), non pas gratis, mais à trente (*centime*) pièce.

Le dîner terminé, notre malade et son sauveur s'éclipsèrent. A (*quelque*) jours de là, des (*paysan*) eurent mal aux (*dent*). (*Il*) s'empressèrent de recourir à la (*merveilleux*) panacée*. Mais, hélas! les (*douleur*) furent (*rebelle*) au précieux talisman*, (*ce, se*) qui étonna bien tout le monde. On vérifia le contenu des (*paquet*), (*il*) ne renfermaient qu'un peu de plâtre!

Nos (*paysan*) apprirent donc à (*leur*) dépens à se mettre en garde contre les (*ruse*) de (*ces, ses*) (*charlatan*) éhontés, qui exploitent chaque jour la crédulité (*public*).

Exercice lexicologique 182.

Répondez, à l'aide du Lexique, aux questions suivantes :

Qu'entend-on par : exportation, importation, une année bissextile, une mine, un lynx?

Qu'est-ce que : les Espagnols, le Nouveau Monde, les Alpes?

Qu'est-ce que : un amphitryon, un empirique, une panacée, un talisman ?

DU VERBE.

Exercice 183.

Règle 135. — Distinguez les noms, les adjectifs et les verbes. Ecrivez : *Splendide*, adjectif. — *Courir*, verbe. — *Arbre*, nom.

Splendide.	Marbre.	Répandre.	Mer.
Courir.	Coutume.	Effroyable.	Naviguer.
Arbre.	Indiscret.	Discourir.	Bosseler.
Etincelle.	Arracher.	Discours.	Polir.

Modeste.	Bonté.	Long.	Prunelle.
Apprendre.	Persévérer.	Allonger.	Fertile.
Répondre.	Sec.	Trompeur.	Incommode.
Joli.	Comique.	Tromper.	Réciter.

SUJET DU VERBE.

Exercice 184.

Règle 137. — Copiez et cherchez le sujet. *Ecrivez* : Le voyageur marche. Qui est-ce qui marche? *Le voyageur.*

Le voyageur *marche.* — La terre *est* ronde. — L'eau *bout.* — La femme du jardinier *vend* des légumes. — La maison de mon père *est* vaste. — Je *reviens* de la ville. — Les chenilles *ont* un appétit extraordinaire. — Le cuisinier du général *préparera* le dîner. — La fille du maire *va* à Paris. — Les petits poissons *deviendront* grands. — *Etudies*-tu ta leçon? — *Sais*-tu quelles sont les cinq parties du monde? — *Voyez*-vous l'éclipse* de lune? — La pluie *tombe* à torrents.

COMPLÉMENTS DU VERBE.

Exercice 185.

Règle 140. — Copiez et cherchez le complément direct. *Ecrivez* : Le vaisseau fend les ondes. Le vaisseau fend quoi ? *Les ondes.*

Le vaisseau *fend* les ondes. — Le cultivateur *fauche* le foin, le *fane,* le *bottelle* et le *rentre* dans son grenier. — Le boulanger *pétrit* le pain, le *laisse* fermenter* et l'*enfourne.* — La couturière *taille* la robe, l'*essaie* et la *coud.* — Vous *connaissez* la maison que j'*habite.* — Je te *prie* de ne pas m'*oublier.* — On *énonce* clairement ce que l'on *comprend* bien.

Même exercice 186.

Ces moutons que vous *voyez,* je les *achetai* à la dernière foire. — *Appliquez*-vous à votre métier, *étudiez*-le sans cesse. — *Promenons*-nous sur le rivage en *attendant* le départ. — Enfants, *écoutez*-moi et *suivez* mes conseils. — Tu me *blâmes* d'une faute que je n'*ai* pas *commise.* — Le soleil *fait mûrir* les fruits. — Nous *lisons* un livre intéressant. — Dieu a créé le monde en six jours.

Exercice d'invention 187.

Mettez un complément convenable après les verbes actifs suivants. *Ecrivez* : *Peindre un tableau.*

Peindre...
Je contemple...
Nous bénissions...
L'animal broutait...
Vous gravissiez...
Il charrie...
Elle raccommode...
L'enfant étudie...
Le jardinier taille...
Le cultivateur fumera...
La fermière trait...
Le boucher vend...
Le peintre badigeonnera...
Le batelier dirige...
Le garde-forestier surveille...
La locomotive* entraîne...
Le bûcheron abat...
Le charpentier équarrit...

Exercice 188.

Règle 142. — Copiez et cherchez le complément indirect. *Ecrivez* : La mère envoie des vêtements à son fils. La mère envoie des vêtements à qui? *A son fils.*

La mère envoie des vêtements à son fils. — Le domestique a reçu des réprimandes de son maître. — Il faut manger pour vivre, et non pas vivre pour manger. — La ville du Havre* a été bâtie par François Ier. — Nous mettons notre confiance en Dieu. — Il partira avec son frère. — Nous planterons des artichauts dans le jardin.

Même exercice 189.

Les Chinois assaisonnent leur salade avec l'huile de ricin*. — Le poulailler a été dévasté par le renard. — Louis XV mourut de la variole*. — Je pense toujours à la modestie et au dévouement de Jeanne d'Arc*. — On couvrira cette maison avec des ardoises. — La fleur nommée héliotrope se tourne continuellement vers le soleil. — Pierre le Grand bâtit Saint-Pétersbourg au fond du golfe de Finlande.

RADICAL ET TERMINAISON.

Exercice 190.

Règle 156. — Indiquez le radical des verbes suivants. *Ecrivez* : Le radical d'*aimer* est *aim.*

Aimer.
Courir.
Répandre.
Tordre.
Recevoir.
Guérir.
Luire.
Labourer.
Rompre.
Devoir.
Fleurir.
Voyager.
Mordre.
Valoir.
Punir.
Prier.
Répondre.
Pouvoir.
Ensevelir.
Abréger.
Créer.
Plier.
Avertir.
Pourrir.

DES QUATRE CONJUGAISONS.

Exercice 191.

Règles 160-163. — Formez un verbe avec chacun des mots suivants et indiquez-en la conjugaison. *Ecrivez* : De *fleur* on forme le verbe *fleurir*, 2e conjugaison.

de *fleur*...	de *traverse*...	de *réponse*...	de *pli*...
de *danse*...	de *marche*...	de *achat*...	de *envoi*...
de *labour*...	de *travail*...	de *don*...	de *chant*...
de *dépense*...	de *vente*...	de *mur*...	de *visite*...
de *fil*...	de *paie*...	de *fin*...	de *choix*...

Même exercice 192.

de *noir*...	de *jaune*...	de *jeu*...	de *scie*...
de *blanc*...	de *pâle*...	de *appel*...	de *faux*...
de *rouge*...	de *sale*...	de *son*...	de *marteau*...
de *bleu*...	de *maigre*...	de *honneur*...	de *cri*...
de *vert*...	de *faible*...	de *plante*...	de *étude*...

TEMPS SIMPLES ET TEMPS COMPOSÉS.

Exercice 193.

Règle 165. — Distinguez les temps simples des temps composés. *Ecrivez* Avoir vendangé (temps composé). — Chantant (temps simple).

Avoir vendangé.	Nous parlions.	Nous naquîmes.
Chantant.	Vous aviez couru.	Tu as entendu.
Nous écrivons.	Il finit.	Elle a pleuré.
Ayant dîné.	Nous lavâmes.	Ils riaient.
Que j'aie ensemencé	Je partirais.	Elle parlera.
Etudiez.	Ils seraient entrés.	Tu auras cueilli.

Exercice théorique 194.

Répondez, à l'aide de la Grammaire, aux questions suivantes :

Qu'est-ce que le verbe ?

A quoi reconnaît-on qu'un mot est verbe ? donnez deux exemples.

Qu'appelle-t-on sujet d'un verbe ?

Quelles sont les principales prépositions qui précèdent le complément indirect ?

Combien y a-t-il de temps principaux dans le verbe ?

Nommez les cinq temps du passé ; donnez des exemples.

Citez deux verbes de chaque conjugaison et dites quel en est le radical.

Quelle différence y a-t-il entre les temps simples et les temps composés?

Exercice lexicologique 195.

Répondez, à l'aide du Lexique, aux questions suivantes :

Qu'est-ce que : une éclipse de lune, une locomotive, le ricin, la variole?

Qu'est-ce que : les Chinois, le Havre, Jeanne d'Arc?

Que signifie le mot fermenter?

Quels sont les homonymes de maire?

AUXILIAIRE AVOIR.

Exercice 196.

Règle 166. — Indiquez le nombre, la personne, le temps et le mode. *Ecrivez* : Que vous eussiez eu (2e pers. du plur. du pl.-q.-p. du subj.).

Que vous eussiez eu.	Ils auraient.	Que j'eusse.
Avoir.	Elles auront.	Elles eurent eu.
Ayant eu.	Tu as.	Vous aurez.
Ayez.	Il eut.	Nous eussions eu.
Avoir eu.	Qu'il eût.	Nous aurions eu.
Que nous ayons.	Vous aviez eu.	Nous aurions.

Exercice 197.

Règle 166. — Copiez et mettez le verbe au pluriel. *Ecrivez* : J'ai raison, *nous avons* raison.

J'ai raison. — *Tu as* tort. — *Elle aura* faim. — *J'aurais* du courage. — *Il avait* froid. — *Il eut* peur. — *Il a eu* chaud. — *Elle a* mal à la tête. — *Elle eut* mal à la tête. — *Tu auras* de la prudence. — *J'avais* bien agi. — *Il aurait* faim. — Que *tu eusses* de la bonne volonté. — *J'eus* du mal. — *Tu avais* droit. — *Que j'aie* l'intention. — *Elle eût eu* tort. — *J'aurais eu* raison. — *Tu as* de l'aplomb.

Exercice 198.

Règle 166. — Copiez et mettez le verbe au singulier. *Ecrivez* : *Nous eûmes* faim, *tu eus* faim.

Nous eûmes faim. — *Elles avaient* froid. — *Vous aurez* droit. — *Elles ont eu* tort. — *Vous auriez eu* chaud. — *Que vous ayez* raison. — *Nous aurons* du courage. — *Elles ont eu* mal à la tête. — *Que nous eussions eu* de la prudence. — *Nous eûmes* envie. — *Qu'ils eussent* de la bonne volonté. — *Vous auriez* froid. — *Elles avaient* l'air. — *Ils ont* soif. — *Vous auriez* droit. — *Ayez* l'attention. — *Ayons* du courage.

AUXILIAIRE ÊTRE.

Exercice 199.

Règle 167. — Copiez et indiquez la personne, le nombre, le temps et le mode. *Ecrivez* : Je serais (1re pers. du sing. du prés. du cond.).

Je serais.	Qu'ils aient été.	Ayant été.
Nous fûmes.	Elles étaient.	Avoir été.
Qu'il fût.	Tu avais été.	Vous fûtes.
Elle eût été.	Elle serait.	J'étais.
Tu seras.	Que je sois.	Nous sommes.
Que nous soyons.	Que je fusse.	Tu aurais été.

ACCORD DE L'ATTRIBUT.

Exercice 200.

Règles 168 à 171. — Copiez et mettez au pluriel. *Ecrivez* : Il sera attentif, *ils seront attentifs.*

Il sera attentif. — Elle était bonne. — Je fus mécontent. Tu serais heureux. — Je suis docile. — Elle aurait été obéissante. — Que tu sois sage. — Qu'elle fût prudente. — Tu as été admirable. — Il est respectueux. — Il avait été courageux. — Sois discret. — Qu'elle soit polie. — Elle avait été docile. — J'aurai été inattentif. — Tu serais coupable. — Que tu sois libre.

Exercice 201.

Règles 168-171. — Copiez et mettez au singulier. *Ecrivez* : Nous serions répréhensibles, *je serais répréhensible.*

Nous serions répréhensibles. — Vous fûtes négligents. — Elles ont été bonnes. — Nous étions las. — Soyez prudents. — Elles seront étourdies. — Nous sommes contents. — Ils furent paresseux. — Qu'ils fussent sérieux. — Vous auriez été attentifs. — Que nous soyons prompts. — Vous serez heureux. — Vous auriez été blâmables. — Ils furent dociles. — Elles avaient été intrépides. — Nous serions inexcusables. — Que vous fussiez sourds.

Exercice 202.

Règle 171. — Copiez et remplacez les points par le verbe *être* et l'attribut. *Ecrivez* : L'âne est patient, les ânes *sont patients* ; l'ânesse *est patiente,* les ânesses *sont patientes.*

L'âne *est patient,* les ânes ...., l'ânesse ...., les ânesses ....

Le vallon *était étroit,* les vallons...., la vallée ...., les vallées ...., le chemin ...., les chemins ...., le passage ....

Le clocher *sera haut,* les clochers ...., la tour ...., les tours ...., la maison ...., les maisons ....

L'été *serait chaud*, les étés ...., la saison ...., les saisons ...., la matinée ...., les matinées ...., les soirées ....

Le coing *serait mûr*, les coings ...., la poire ...., les poires ...., l'abricot ...., la pêche ...., les pêches ....

Le mur *était épais*, les murs ...., la cloison ...., les cloisons ...., la planche ...., les planches ....

Le dessin* *est magnifique*, les dessins ...., la gravure ...., les gravures ...., le tableau ...., les tableaux ....

Exercice 203.

Règle **171**. — Remplacez les points par le verbe *être* et l'attribut. *Ecrivez* : Il était studieux, Caroline et Louise *étaient studieuses*.

Il *était studieux*, Caroline et Louise .....
Cela *fut aride*, ces champs .....
Il *serait profond*, la rivière et la mare .....
Il *est carnassier**, le lion et l'hyène .....
La journée *sera chaude*, l'été et l'automne .....
Qu'il *soit actif*, que le boulanger et le meunier .....
Il *avait été attentif*, le frère et la sœur .....
Il *est haut*, la montagne et le clocher .....
Il *était verdoyant*, le pré et la pelouse .....
Je *suis prudent*, Louis et Rose .....

PREMIÈRE CONJUGAISON.

Exercice 204.

Règle **172**. — Indiquez le radical des verbes suivants. *Ecrivez* : Nous aimons, radical *aim*.

Nous aimons.	Pardonnons.	Tu simplifies.
Vous marchiez.	Ils s'enivraient.	Vous copiâtes.
Qu'il portât.	Dérober.	Mariez.
Tu penses.	Frappé.	Nous balbutions.
Il indique.	Que nous écoutions.	Il calomniait.
Je calcule.	Que vous regardiez.	Je glorifiai.
Nous dînâmes.	Tu rampas.	Que nous étudiions.
Ils nièrent.	Il gronda.	Approuvé.

Exercice 205.

Règle **172**. — Indiquez la personne, le nombre, le mode, la conjugaison. *Ecrivez* : Tu bredouilles, 2e pers. du sing. du prés. de l'ind. du verbe *bredouiller*, 1re conjug.

Tu bredouilles.	Nous cherchons.	Ils hersèrent.
Il bégaie.	Ils voyageraient.	Je travaille.
Elles chantaient.	Nous dinerions.	Elle tombe.
Nous nettoierons.	Qu'il ait crié.	Ils tarderont.
Je jouerais.	Vous semâtes.	Nous pleurâmes.
Que vous étudiiez.	Nous labourâmes.	Vous planteriez.

Exercice 206.

Règle **172.** — Avec chacun des mots suivants formez un verbe de la 1re conjug. que vous mettrez à la 1re pers. du plur. du prés. de l'indic. *Ecrivez* : Herse, *herser, nous hersons.*

Herse.	Arme.	Sommeil.	Envie.
Labour.	Pli.	Vol.	Espoir.
Gril.	Sucre.	Travail.	Récolte.
Fusil.	Mont.	Mépris.	Recul.

Exercice 207.

Règle **172.** — Avec chacun des mots suivants formez un verbe de la 1re conjug. que vous mettrez à la 2e pers. du sing. du fut. *Ecrivez* : Clou, *clouer, tu cloueras.*

Clou.	Cercle.	Débit.	Etincelle.
Demande.	Argent.	Décor.	Abri.
Meuble.	Colle.	Note.	Aveu.
Charge.	Couronne.	Etal.	Charroi.

Exercice 208.

Règle **172.** — Avec chacun des mots suivants, formez un verbe de la première conjugaison que vous mettrez :

1° à la troisième personne du singulier de l'imparfait du subjonctif;
2° à la troisième personne du singulier du passé défini.
Ecrivez : *Etrenne, étrenner, qu'il étrennât, il étrenna.*

Etrenne.	Mue*.	Orient.	Quadruple.
Fagot.	Motif.	Parfum.	Double.
Las.	Meuble.	Pardon.	Triple.
Leurre*.	Occasion.	Preuve.	Centuple.

Exercice 209.

Règle **172.** — Mettez le verbe au futur. *Ecrivez* : Tu *secoueras* les tapis.

Tu (*secouer*) les tapis. — Il (*fabriquer*) une horloge. — Les chardonnerets (*chanter*). — Le tonnerre (*gronder*). — Tu (*rapporter*) des framboises. — Je (*ébrancher*) le peuplier. — Louis et André (*cultiver*) leurs champs. — Vous (*chasser*) les lièvres et les perdreaux. — Vous (*tuer*) les vipères, mais vous (*épargner*) les crapauds. — Elles (*butter*) les pommes de terre. — Je (*voyager*) en Italie. — Je (*visiter*) le Vésuve. — Nous (*monter*) au sommet du Mont Blanc*. — Nous (*pêcher*) à la ligne. — Vous (*traverser*) l'Océan.

VERBES EN CER.

Exercice 210.

Règle **173.** — Avec chacun des mots suivants formez un verbe de la première conjugaison que vous mettrez à la première, à la deuxième et à la troisième personne du singulier du passé défini. *Ecrivez* : Place, *placer, je plaçai, tu plaças, il plaça.*

Place.	Grimace.	Trace.	Cadence.
Menace.	Lance.	Perce.	Balance.

Espace.	Sauce.	Fronce.	Ecorce.
Glace.	Force.	Annonce.	Pince.

Exercice 211.

Règle 173. — Mettez chaque verbe au temps indiqué. *Ecrivez* : Nous vous *annonçons* une bonne nouvelle.

Nous vous (*annoncer*, ind. pr.). — Vous (*amorcer*, pas. déf.) le poisson avec de petits morceaux de viande. — Nous nous (*bercer*, pas. déf.) longtemps d'un chimérique* espoir. — Il faudrait que l'on (*commencer*, pas. déf.) la construction de ce pont. — Il (*prononcer*, pas. déf.) un discours sur la tombe de son ami. — Les anciens (*enfoncer*, imparf. de l'ind.) les remparts des villes avec des béliers*. — Il (*ensemencer*, imparf. de l'ind.) son champ en lin. — Vous (*épicer*, pas. déf.) ce mets. — J'(*exercer*, pas. déf.) quelque temps la profession de mécanicien. — La scie (*grincer*, imp. de l'ind.) du matin au soir. — Nous (*lancer*, pas. déf.) les chiens sur la piste du cerf. — Tu (*rincer*, pas. déf.) les tonneaux.

VERBES EN GER.

Exercice 212.

Règle 174. — Avec chacun des mots suivants formez un verbe de la première conjugaison que vous mettrez à la première, à la deuxième et à la troisième personne du singulier de l'imparfait de l'indicatif. *Ecrivez* : Juge, *juger, je jugeais, tu jugeais, il jugeait.*

Juge.	Ravage.	Nage.	Eponge.
Mélange.	Outrage.	Partage.	Voltige*.
Forge.	Allonge.	Loge.	Change.
Ombrage.	Voyage.	Serge.	Vendange.

Exercice 213.

Règle 174. — Mettez chaque verbe au temps indiqué. *Ecrivez* : Ils *égrugeaient* le sel.

Ils (*égruger*, imp. de l'ind.) le sel. — Comme cette huile ne se (*figer*, imp. de l'ind.) pas facilement, (nous *juger*, pas. déf.) que ce n'était pas de l'huile d'olive pure. — Ne (*transiger**, impér. 1re pers. pl.) jamais avec notre conscience. — Il importerait que l'on (*corriger*, imp. du subj.) les défauts de cet enfant. — Les castors (*ronger*, imp. de l'ind.) les pieds des arbres pour les faire tomber en travers dans la rivière. — Nous (*manger*, pas. déf.) d'excellentes huîtres. — Il serait à désirer que l'on ne se (*venger*, pas. déf.) jamais. — Tu (*partager*, pas. déf.) le modeste repas du laboureur. — L'orateur (*abréger*, pas. déf.) son discours.

VERBES EN ELER, ETER.

Exercice 214.

Règle 175. — Avec chacun des mots suivants formez un verbe de la première conjugaison que vous conjuguerez au présent du subjonctif. *Ecrivez* : Botte, *botteler, que je bottelle, que tu bottelles, qu'il bottelle, que nous bottelions, que vous botteliez, qu'ils bottellent.*

Botte.	Bosse.	Jet.	Renouveau.
Feuillet.	Sceau *.	Projet.	Achat.
Querelle.	Morceau *.	Frêt *.	Cachet.
Ficelle.	Museau.	Bec *.	Ruisseau *.

Exercice 215.

Règle 175. — Mettez chaque verbe au temps indiqué. *Ecrivez* : Le vent *amoncelle* la neige sur les talus de la route.

Le vent (*amonceler,* ind. pr.) la neige sur les talus de la route. — Nous (*acheter,* fut.) un cheval vigoureux. — Les maçons (*desceller,* ind. pr.) la porte de l'écurie. — Les enfants (*râteler,* fut.) le foin. — Nous (*renouveler,* fut.) l'eau de notre aquarium*. — Il importe que l'on (*museler,* prés. du subj.) les chiens pendant les grandes chaleurs. — Combien n'y a-t-il pas de gens qui n'exécutent jamais rien de ce qu'ils (*projeter,* prés. de l'ind.)! — Les pierres précieuses (*étinceler,* ind. pr.) quand elles sont exposées à la lumière des lustres. — Nous (*harceler,* fut.) l'ennemi sans relâche. — La mort* (*niveler,* ind. pr.) tous les rangs, toutes les conditions.

Exercice lexicologique 216.

Répondez, à l'aide du Lexique, aux questions suivantes :

Quels sont les homonymes de sceau, de mort?

Qu'est-ce que : un leurre, la mue, la machine nommée bélier, la voltige, un aquarium, le fret d'un vaisseau?

Que signifient : carnassier, chimérique, transiger?

Qu'est-ce que le mont Blanc?

VERBES QUI ONT UN E MUET A L'AVANT-DERNIÈRE SYLLABE.

Exercice 217.

Règle 177. — Mettez chaque verbe au temps indiqué. *Ecrivez* : Les haricots nains *grènent* beaucoup.

Les haricots nains (*grener,* ind. pr.) beaucoup. — Une simple piqûre d'aiguille (*crever,* ind. pr.) les ballons les plus volumineux. — Le vent d'ouest est celui qui (*amener,* ind. pr.) la pluie dans le climat séquanien*. — L'arachide est une plante oléagineuse* dont les fruits s'enfoncent dans la terre où ils (*achever*, ind. pr.) de mûrir. — Dans plusieurs pays on (*enlever*, ind. pr.) les foins dès qu'ils sont fanés et on ne les (*botteler*, ind. pr.) que plus tard. — De lourds impôts (*grever*, pr. du cond.)-ils une drogue puante et vénéneuse, que personne n'y trouverait à redire; or le tabac est précisément dans ce cas. — Le sainfoin d'Espagne se (*ressemer*, ind. pr.) de lui-même. —La mer (*soulever*, ind. pr.) et abaisse successivement son niveau sous l'influence combinée du soleil et de la lune.

VERBES QUI ONT UN É FERMÉ A L'AVANT-DERNIÈRE SYLLABE.

Exercice 218.

Règle 178. — Mettez chaque verbe au temps indiqué.

Les agneaux se (*désaltérer*, fut.) dans le courant d'une onde claire. — L'aimant (*posséder*, ind. pr.) la propriété d'attirer le fer. — La patience (*alléger*, ind. pr.) bien des maux. — La gelée et le dégel qui se (*succéder*, ind. pr.) (*désagréger*, ind. pr.) les grosses mottes des terres argileuses. — Quand un orage éclatera à quelque distance du lieu où nous nous trouverons, l'éclair (*précéder*, fut.) toujours chaque coup de tonnerre. — En Sibérie*, la durée de l'été n' (*excéder**, ind. pr.) pas deux mois. — Le beau temps (*succéder*, fut.) enfin aux jours pluvieux. — On cite de Jean-Baptiste Rousseau* ces beaux vers* qui (*célébrer*, ind. pr.) le Dieu Créateur :

> De sa puissance immortelle
> Tout parle, tout nous instruit;
> Le jour au jour la (*révéler*, ind. pr.),
> La nuit l'annonce à la nuit.

VERBES EN YER.

Exercice 219.

Règle 180. — Avec chacun des mots suivants formez un verbe de la première conjugaison que vous mettrez :

1° à la deuxième personne du singulier du futur;
2° au participe présent;
3° à la première personne du pluriel de l'imparfait de l'indicatif.

Ecrivez : Appui, *appuyer, tu appuieras, appuyant, nous appuyions.*

Appui.	Balai.	Délai.	Octroi*.
Ennui.	Essai.	Déblai.	Tournoi.
Etai.	Paie.	Envoi.	Coude.
Aboi.	Raie.	Emploi.	Côte.

Exercice 220.

Règles **180-181**. — Mettez chaque verbe au temps indiqué.

Le diamant* (*rayer*, ind. pr.) tous les autres corps, tandis que lui-même n'est (*rayer*, part. pas.) par aucun d'eux. — Les quakers* ou trembleurs, membres d'une secte chrétienne très-répandue aux Etats-Unis, (*tutoyer*, ind. pr.) indistinctement tout le monde. — Nous (*nettoyer*, ind. pr.) les lentilles* de notre microscope* avec de la moelle de sureau bien sèche. — On (*étayer*, ind. pr.) les carrières souterraines en conservant de distance en distance des piliers de soutènement. — Il faut que vous (*employer*, prés. du subj.) tout votre temps à l'étude de la botanique et de l'agriculture. — Les navigateurs anciens (*côtoyer*, imp. de l'ind.) presque constamment le rivage de la mer*, tandis que les navigateurs modernes ne le (*côtoyer*, ind. pr.) presque jamais et se croient plus en sûreté en pleine mer.

VERBES EN IER.

Exercice 221.

Règle **183**. — Avec chacun des mots suivants formez un verbe de la première conjugaison que vous mettrez :
1° à la seconde personne du pluriel de l'imparfait de l'indicatif;
2° à la première personne du pluriel du présent du subjonctif.
Ecrivez : Etude, étudier, vous étudiiez, que nous étudiions.

Etude.	Copie.	Oubli.	Négoce.
Pli.	Pari.	Calomnie.	Extase.
Envie.	Cri.	Injure.	Charroi.
Souci.	Epi.	Scie.	Humble*.

Exercice 222.

Règle **183**. — Mettez chaque verbe au temps indiqué.

Si jamais nous nous trouvons dans la même situation que Robinson Crusoé*, il faudra que, comme lui, nous (*s'ingénier*, pr. du subj.) pour fabriquer tous les ustensiles dont nous aurons besoin. — Si les anciens revenaient au monde, que vous êtes heureux, nous diraient-ils, de posséder l'imprimerie*; nous autres, quand nous avions besoin d'un livre, nous le (*copier*, imp. de l'ind.) péniblement, travail auquel nous consacrions de longues heures. — Mesdames, s'il faut que vous (*replier*, pas. du subj.) toutes ces étoffes, vous y (*employer*, fut.) toute la journée. — Nous (*remercier*, imp. de l'ind.) le ciel de nous avoir sauvés du naufrage. — Quand vous étiez à la campagne (*varier*, imp. de l'ind.) -vous suffisamment vos promenades? — Il n'est pas mal que vous (*torréfier*, pr. du subj.) votre café vous-même.

Exercice théorique 223.

Répondez aux questions suivantes à l'aide de la Grammaire.

Citez trois verbes en *cer*; dites dans quels cas ils prennent une cédille sous le *c*. Donnez deux exemples.

Citez trois verbes en *ger*; dites ce qu'a de particulier l'orthographe de ces verbes. Expliquez-le sur deux exemples.

Citez deux verbes en *eler* et deux verbes en *eter*; expliquez comment ils s'écrivent devant un *e* muet.

Quelle remarque avez-vous à faire sur les verbes qui ont un *e* muet ou un *é* fermé à l'avant-dernière syllabe.

Conjuguez deux verbes en *yer* au présent et à l'imparfait de l'indicatif.

Conjuguez deux verbes en *ier* au présent de l'indicatif et au présent du subjonctif.

Exercice lexicologique 224.

Répondez aux questions suivantes à l'aide du Lexique.

Qu'est-ce que: le climat séquanien, une plante oléagineuse, un diamant, un quaker, un microscope, une lentille de verre, l'imprimerie, un octroi?

Qu'est-ce que : la Sibérie, Jean-Baptiste Rousseau, Robinson Crusoé?

Que signifie : excéder?

Quels sont les homonymes de mer, de ver?

Exercice de récapitulation 225.

LE SAC DE TERRE.

Mettez chaque verbe entre parenthèses au temps indiqué.

Le propriétaire d'un château qu'(*entourer*, imp. de l'ind.) un parc magnifique (*songer*, imp. de l'ind.) à reculer encore les bornes de son domaine. Il (*convoiter*, imp. de l'ind.) surtout un morceau de terre attenant à sa propriété et qui appartenait à une pauvre veuve. Après (*rêver*, pas. de l'inf.) longtemps au moyen de s'en emparer, il (*imaginer*, pas. déf.) un stratagème* grâce auquel il (*dépouiller*, pas. déf.) impunément la malheureuse femme.

Même exercice 226.

Il n'était pas possible que cette dernière (*revendiquer*, imp. du subj.) son bien, tant les apparences du bon droit étaient pour le spoliateur. Un jour que ce mauvais riche se (*promener*, imp. de l'ind.) dans le champ qu'il (*voler*, pl.-q.-p. de l'ind.), la veuve s'(*approcher*, pas. déf.) de lui, (*porter*, part.

prés.) à la main un sac de grosse toile : « Je vous (*laisser*, fut.) désormais en repos, lui dit-elle, seulement je (*désirer*, cond. prés.) que vous m'(*accorder*, imp. du subj.) la faveur de remplir ce sac avec de la terre ramassée dans mon champ et que vous me permissiez ensuite de l'emporter. »

Même exercice 227.

Le riche inhumain (*repousser*, pas. déf.) d'abord sa demande; mais elle (*insister*, pas. déf.) tellement qu'à la fin il y consentit. « Il faudrait maintenant que quelqu'un m'(*aider*, imp. du subj.), s'(*écrier*, pas. déf.) la veuve, à charger ce sac sur mon épaule, et je ne vois que vous qui puissiez me rendre ce service. » Le Crésus* n'était pas habitué à semblable besogne et s'y (*refuser*, pas. déf.) longtemps; la veuve le (*prier*, pas. déf.) et le (*supplier*, pas. déf.) tant, qu'à la fin* il (*acquiescer*, pas. déf.) à sa demande.

Même exercice 228.

Il (*essayer*, pas. déf.) donc de soulever le sac; mais il le (*trouver*, pas. déf.) trop pesant et le (*laisser*, pas. déf.) retomber sur le sol*. « Quoi, s'(*écrier*, pas. déf.) la pauvre femme, vous (*juger*, pr. de l'ind.) ce sac trop lourd, et vous (*oser*, pr. de l'ind.) charger votre conscience du poids* de la terre que contient le champ tout entier! » Cette réflexion (*frapper*, pas. déf.) vivement l'esprit de cet homme. Il (*rentrer*, pas. déf.) en lui-même, et (*envisager*, pas. déf.) sa conduite avec toute la sévérité qu'elle (*mériter*, imp. de l'ind.). Non-seulement il (*restituer*, pas. déf.) à la pauvre femme le champ que lui (*léguer*, pl.-q.-p. de l'ind.) ses parents, mais encore il l'(*indemniser*, pas. déf.) par une forte somme d'argent des pertes qu'il lui avait fait subir.

DEUXIÈME CONJUGAISON.

Exercice 229.

Règle 185. — Indiquez le radical des verbes suivants. *Ecrivez* : Nous finissons, radical *fin*.

Nous finissons.	Gémissons.	Tu amoindris.
Vous guérissiez.	Ils vomissaient.	Vous bondissiez.
Il avertit.	Aplanir.	Assainissez.
Tu ennoblis.	Jaunis.	Nous vieillissons.
Il faiblit.	Que nous punissions	Il maigrissait.
Je salis.	Que vous vernissiez.	Je déguerpis.
Nous pâtissons*.	Tu établis.	Que nous saisissions
Ils pâlissent.	Il blêmit*.	Bâtissant.

Exercice 230.

Règle 185. — Indiquez la personne, le nombre, le mode, la conjugaison. *Ecrivez* : Nous embellissons, 1re pers. du plur. temps présent, mode ind. du verbe *embellir*, 2e conj.

Nous embellissons.	Qu'il unisse.	Tu bénis.
Tu as bâti.	Tu as enfoui.	Fournis.
Nous avons fini.	Ils ont éclairci.	Qu'ils aient fourni.
Ils rôtissaient.	Il pâtit*	Ils ont attendu.
Nous aurons fini.	Ils épaissirent.	Ils rougiraient.
Que tu adoucisses.	Tu as aplati.	Ils auraient bâti.
Vous anéantissez.	J'ai uni.	Tu as démoli.

Exercice 231.

Règle 185. — Avec chacun des mots suivants formez un verbe de la deuxième conjugaison que vous mettrez :

1° à la troisième personne du singulier du passé défini ;

2° à la troisième personne du singulier de l'imparfait du subjonctif.

Ecrivez : Pâle, *pâlir, il pâlit, qu'il pâlît.*

Pâle.	Blême.	Brun.	Obscur.
Faible.	Choix.	Blanc.	Aigre.
Rouge.	Rôt.	Mûr.	Raide.
Fin.	Vieux.	Gros.	Noir.

Exercice 232.

Règle 185. — Copiez et mettez au pluriel. *Ecrivez* : Je pâlis, *nous pâlissons.*

Je pâlis.	Je rougirai.	Que je finisse.
Je rajeunissais.	J'aurai équarri.	Que j'aie agrandi.
Je faiblis.	Je croupirais.	Que j'eusse garni.
J'ai vomi.	J'aurais péri.	Je fourbissais.
J'eus établi.	J'eusse chéri.	J'attendrirai.
J'avais franchi.	Que je déguerpisse.	Je nourrirai.

Exercice 233.

Règle 185. — Mettez le verbe à l'imparfait de l'indicatif. *Ecrivez* : Le boulanger *pétrissait* la pâte.

Le boulanger (*pétrir*) la pâte. — Les cris des enfants nous (*ahurir*). — Les cultivateurs (*ameublir*)* la terre. — Les faux-narcisses (*fleurir*) de bonne heure. — Le soldat s'(*endurcir*) à la fatigue. — Les bœufs (*mugir*) dans les pâturages. — Les bons citoyens (*gémir*) des malheurs de la patrie. — L'aube* (*blanchir*) nos toits. — Ils (*arrondir*) leurs propriétés. — Un gros nuage (*assombrir*) le ciel. — L'ébéniste (*vernir*) les meubles. — L'araignée (*ourdir*) sa toile. — Les agneaux (*bondir*) dans la prairie. — Le voyageur (*gravir*) la montagne.

Exercice de récapitulation 234.

L'ENFANT ET LES ABEILLES.

Mettez chaque verbe entre parenthèses au temps indiqué.

Le jeune Albert, (*saisir*, part. pr.) le moment où le voisin s'était absenté de chez lui, (*franchir*, pl.-q.-p. de l'ind.) la haie qui (*entourer*, imp. de l'ind.) le jardin et s'était dirigé vers un beau rosier tout garni de fleurs qui (*épanouir*, imp. de l'ind.) au soleil leurs magnifiques corolles. Je vous (*laisser*, ind. pr.) à penser si l'enfant se (*réjouir*, pas. déf.) à cette vue; il (*bondir*, pas. déf.) jusqu'à l'arbuste en s'(*écrier*, part. prés.) : « Je veux respirer le parfum des roses tout à mon aise! » Mais à peine eut-il porté à son nez une de ces belles fleurs, qu'il (*ressentir*, pas. déf.) une douleur violente : une abeille, cachée dans les pétales, (*venir*, imp. de l'ind.) de le piquer, parce que le petit étourdi (*faillir*, pl.-q.-parf. de l'ind.) écraser la pauvre bête.

Même exercice 235.

Alors l'enfant furieux (*ramasser*, pas. déf.) des mottes de terre et les (*lancer*, pas. déf.) contre la ruche. Aussitôt les abeilles l'(*assaillir*, pas. déf.) en foule et lui (*couvrir*, pas. déf.) le corps de piqûres.

Le malheureux (*rugir*, imp. de l'ind.) de rage et de douleur quand on vint à son secours. Il (*tomber*, pas. déf.) dangereusement malade, et peu s'en fallut qu'il ne (*périr*, imp. du subj.) des suites de cet accident. Combien ne (*souffrir*, pas. déf.) -il pas pendant ces longues nuits où la douleur ne lui permettait pas même de dormir! Quand les médecins l'(*guérir*, pas. ant.), il se promit bien d'agir désormais avec plus de circonspection et de ne plus guerroyer contre les abeilles.

QUATRIÈME CONJUGAISON.

Exercice 236.

Règle 187. — Indiquez le radical des verbes suivants. *Ecrivez* : Nous répandons, radical *répand*.

Nous répandons.	Suivons.	Tu poursuis.
Vous combattiez.	Ils abattaient.	Vous rompîtes.
Qu'il répondît.	Permettre.	Entendez.
Tu promets.	Attends.	Nous prétendons.
Qu'il torde.	Que vous remettiez.	Ils soumettaient.
Je prends.	Que nous rendions.	J'étendis.
Nous descendîmes.	Tu défendis.	Que nous rompions.
Ils suspendirent.	Il entendit.	Pendu.

Exercice 237.

Règle 187. — Copiez en indiquant si les verbes sont au présent, au passé ou au futur. *Ecrivez* : J'interromps (*présent*). — Je promettrai (*futur*). — J'ai répondu (*passé*).

J'interromps.	Ils ont suivi.	Je surprendrai.
Je promettrai.	Je descendrai.	Nous rabattons.
J'ai répondu.	Nous avons joint.	Je joins.
Vous répandîtes.	J'entendis.	Je plaindrai.
Nous combattons.	Je descendis.	Je peindrai.
Il a défendu.	Nous attendrons.	J'eus rendu.

Exercice 238.

Règle 187. — Mettez au pluriel. *Ecrivez* : Tu entends, vous *entendez*.

Tu entends.	Tu apprendras.	Que tu tendisses.
Tu répondais.	Tu auras mordu.	Que je débâtisse.
J'interrompis.	Descends.	Que tu aies suivi.
Tu as suivi.	Il fondrait.	Que j'eusse tordu.
Il eut tondu.	Il aurait corrompu.	Tu dépendais.
J'avais répandu.	J'eusse prétendu.	Tu correspondis.

Exercice 239.

Règle 187. — Mettez au singulier. *Ecrivez* : Vous prétendez, tu *prétends*.

Vous prétendez.	Ils compromettent.	Nous redescendons.
Vous abattez.	Ils répandront.	Ils vendent.
Ils combattent.	Ils débattent.	Vous revendîtes.
Vous suivîtes.	Vous répondez.	Nous descendîmes.
Vous avez rendu.	Ils répandent.	Ils fendent.
Ils promettent.	Vous attendez.	Ils répondent.

FORMATION DES MOTS.

Exercice 240.

Formez des noms terminés par *ure* avec chacun des verbes suivants. *Ecrivez* : De *courber* on forme *courbure*.

Courber.	Coiffer.	Brûler.	Tourner.
Piquer.	Rogner.	Cribler.	Blesser.
Eplucher.	Balayer.	Fêler.	Chausser.
Border.	Scier.	Fouler.	Eclabousser.
Bouder.	Aller.	Souiller.	Gercer.
Découper.	Dorer.	Parer.	Flétrir.

Exercice 241.

Formez des verbes avec les noms en *ure* suivants. *Ecrivez* : *Rinçure* vient de *rincer*.

Rinçure.	Meurtrissure.	Créature.	Peinture.
Usure.	Moisissure.	Signature.	Teinture.
Gravure.	Fourniture.	Ouverture.	Ceinture*.

Pelure.	Friture.	Couverture.	Jointure.
Doublure.	Nourriture.	Ecriture.	Couture.
Cassure.	Pourriture.	Lecture.	Garniture.

Exercice 242.

Formez des noms terminés par *ment* avec chacun des verbes suivants. *Ecrivez* : D'*abaisser* on forme *abaissement*.

Abaisser.	Achever.	Affaiblir.	Aligner.
Abrutir.	Bâtir.	Amuser.	Bouleverser.
Accompagner.	Encourager.	Bouillonner.	Eloigner.
Accomplir.	Envahir.	Gémir.	Hennir.
Ramollir.	Assaisonner.	Avertir.	Embarquer.
Châtier.	Eblouir.	Eclaircir.	Ronfler.

Exercice 243.

Formez des verbes avec les noms en *ment* suivants. *Ecrivez* : *Etablissement* vient d'*établir*.

Etablissement.	Sifflement.	Paiement.
Etonnement.	Soulagement.	Pansement.
Remercîment.	Tressaillement.	Rafraîchissement.
Saisissement.	Vomissement.	Renouvellement.
Sentiment.	Soulèvement.	Aboiement.
Mouvement.	Bégaiement.	Eternument.
Empoisonnement.	Endurcissement.	Ferrement.
Habillement.	Embellissement.	Tutoiement.

Exercice 244.

Formez un nom avec chacun des verbes suivants en supprimant sa terminaison. *Ecrivez* : *Cartonner* vient de *carton*.

Cartonner.	Jeûner.	Ruiner.	Camper*.
Chagriner.	Maçonner.	Sillonner.	Manquer.
Chiffonner.	Miner.	Trôner.	Marquer.
Crayonner.	Moissonner.	Vacciner*.	Escroquer.
Ferrer.	Questionner.	Voisiner.	Examiner.
Couper.	Assassiner.	Voler.	Séjourner.

Exercice 245.

Formez des verbes ayant un sens contraire en plaçant le préfixe *de* ou *des* devant les suivants. *Ecrivez* : Le contraire de *barbouiller* est *débarbouiller*.

Barbouiller.	Coller.	Grossir.	Accoutumer.
Boucher.	Composer.	Loger.	Argenter.
Cacheter.	Faire.	Peupler.	Armer.
Clouer.	Fleurir.	Plaire.	Enfler.
Coiffer.	Garnir.	Ployer.	Espérer.
Coudre.	Geler.	Ranger.	Habiller.

Exercice 246.

[illegible]rmez un verbe avec chacun des noms suivants. *Ecrivez : Doreur* vient de ..

[illegible]eur.	Arpenteur.	Coureur.	Envahisseur.
[illegible]sseur.	Chanteur.	Couvreur.	Confiseur.
[illegible]esseur.	Paveur.	Brunisseur.	Buveur.
[illegible]seur.	Graveur.	Connaisseur.	Receveur.
[illegible]ieur.	Eleveur.	Fournisseur.	Possesseur.
[illegible]teur.	Tueur.	Enchérisseur*.	Oppresseur*.

Exercice 247.

[illegible]mez des noms terminés par *age* avec chacun des verbes suivants. *Ecrivez :* [illegible]ucher on forme *fauchage.*

[illegible]her.	Balayer.	Chômer.	Labourer.
[illegible]ommoder.	Marier.	Étamer*.	Blanchir.
[illegible]rder.	Assembler.	Badiner.	Équarrir*.
[illegible]uffer.	Atteler.	Griffonner.	Remplir.
[illegible]er*.	Emballer.	Tanner*.	Abattre.
[illegible]oigner.	Barbouiller.	Barrer.	Battre.

Exercice 248.

[illegible]mez des noms terminés par *eur* avec chacun des verbes suivants. *Ecrivez :* [illegible]cher on forme *arracheur.*

[illegible]cher.	Vendanger.	Quereller.	Vendre.
[illegible]cher.	Voyager.	Barbouiller.	Vaincre.
[illegible]er.	Balayer.	Travailler.	Pourvoir.
[illegible]er.	Payer.	Imprimer.	Dormir.
[illegible]er.	Prier.	Parfumer.	Entreprendre.
[illegible]r.	Contrôler.	Empoisonner.	Acquérir.

Exercice lexicologique 249.

[illegible]ndez aux questions suivantes à l'aide du Lexique.

[illegible]'est-ce que : un stratagème, un Crésus, l'aube?
[illegible]est-ce que : pâtir, blêmir, ameublir la terre?
[illegible]est-ce que : jauger, vacciner, étamer, tanner, équarrir?
[illegible]est-ce que : un enchérisseur, un oppresseur?
[illegible]els sont les homonymes de poids?

ACCORD DU VERBE AVEC SON SUJET.

Exercice 250.

[illegible] 191. — Copiez et mettez au pluriel le sujet et le verbe. *Ecrivez : Le* [illegible] broute l'herbe, *les moutons broutent l'herbe.*

[illegible]outon broute l'herbe.
[illegible]ysan gaule les noix.
[illegible]mière trait les vaches.

La ménagère coule la lessive.
Le garde surveille les propriétés.

Le bûcheron abat le hêtre.
Le laboureur conduit la charrue.
Le jardinier greffe l'arbre.
Le vendangeur foule le raisin.
Le menuisier rabote les planches.
La servante filera le lin.
L'enfant apprendrait à écr
L'horloge sonna midi.
La rivière débordait.
Que le malade se promène
Que l'élève obéisse.

Exercice 251.

Règle 191. — Copiez et mettez au singulier le sujet, le verbe et le com ment direct. *Ecrivez* : Les chiens poursuivent les lièvres, *le chien pours lièvre.*

Les chiens poursuivent les lièvres. — Les rats rongea les livres. — Les astronomes observèrent les astres. — moissonneurs faucheront les blés. — Les jeunes filles r commoderaient les robes. — Que les renards attrapent poulets. — Vous vénérerez vos parents. — Ils parcoura les campagnes. — Les oiseaux bâtirent des nids. — Ils tisent les haines. — Les vendangeurs cueillirent les rais — Les flots engloutirent les naufragés.

Exercice 252.

Règle 191. — Copiez et mettez au pluriel le sujet, le verbe et le complé direct. *Ecrivez* : Tu parcours la forêt, *vous parcourez les forêts.*

Tu parcours la forêt. — Le voyageur gravissait la m tagne. — Le pêcheur vendait son poisson. — Le march mesurera la toile. — Le Suédois* cultive l'ortie. — Le nois* élève le ver à soie. — Le colon* plante la can sucre. — L'horticulteur taillera l'arbre. — Le potier fa querait une cruche. — Le vitrier remettra un carreau Le maçon construisait la maison. — La fermière prépa le fromage. — Le berger mena son troupeau. — L'émou aiguise le couteau. — La mauvaise herbe étouffe la mois — Le charron fabrique une herse.

Exercice 253.

Règle 192. — Mettez les verbes au présent de l'indicatif et faites-les acco *Ecrivez* : Le maçon et le charpentier *bâtissent* des maisons.

Le maçon et le charpentier (*bâtir*) des maisons.
Le peintre et le photographe* (*représenter*) les objets.
Le tailleur et la couturière (*confectionner*) des habits.
La planète* Vénus et la Terre (*tourner*) autour du leil.
La Marne et l'Oise se (*jeter*) dans la Seine.
Le Rhône et la Loire (*arroser*) la France.
Le chêne et le hêtre (*peupler*) nos forêts.

Le brochet et la carpe (*habiter*) nos rivières.
Le bluet et le coquelicot (*émailler*) nos campagnes.
Le mouton et la chèvre (*brouter*) les graminées*.
Le papier et le carton se (*fabriquer*) avec les vieux chiffons.
Le narcisse et la tulipe (*fleurir*) au printemps.

ORTHOGRAPHE DES VERBES.

IL EST, — QU'IL AIT.

Exercice 254.

Remplacez les points par *est* ou par *ait*.

le doute qu'il y ... un seul homme content des autres et content de lui-même.
Mon fils m'a écrit de Naples* où il ... depuis quinze urs.
Le meilleur moyen qu'... un homme de faire dire du en de lui, c'... de n'en pas dire lui-même.
Dès qu'une colonie* ... débarquée dans un pays vierge, e cherche pour s'établir un endroit où il y ... de l'eau.
Le Mont Blanc* ... la plus haute montagne de l'Europe, en qu'il n'... pas la hauteur des sommets de l'Himalaya*.
Pour peu qu'un homme ... l'amour du travail, il n'est guère danger de mourir de faim*.
Le chien retrouve son domicile sans qu'il ... besoin d'être ccompagné de son maître.
Il n'... pire sourd que celui qui ne veut pas entendre.

L'E DU PRÉSENT DU SUBJONCTIF.

Exercice 255.

QUELQUES DEVOIRS A REMPLIR.

Règle 199. — Mettez au présent du subjonctif les verbes entre parenthèses.

Si tu veux te faire une idée des maux qui affligent tes mblables, il faut que tu (*pénétrer*) dans ces réduits* où ils vent entassés, que tu (*assister*) à leurs maigres repas, que i (*voir*) à quels pénibles travaux ils se livrent; que tu (*contempler*) leurs visages hâves et décharnés; que tu (*entendre*) es plaintes déchirantes des mères, les gémissements des etits enfants et surtout que tu en (*conclure*) qu'avec un peu e bonne volonté tu pourrais procurer quelques soulagements ces infortunés.

Il est de toute nécessité que je (*glorifier*) le Créateur toutes choses, que je m'(*humilier*) devant sa toute-puissan que je m'(*associer*) à ceux qui l'adorent en esprit et en vér et que je (*continuer*) à le servir par tous les moyens qui s en mon pouvoir.

Jeune fille, pour que tu (*être*) un jour une bonne ménagè il faudra que tu (*employer*) tous les moments à surveiller l' térieur de ta maison; que tu (*balayer*) tous les coins et reco du logis; que tu (*nettoyer*) les ustensiles de cuisine chaque f que tu t'en seras servie; que tu ne (*rudoyer*) ni les gens c te (*servir*) ni même tes animaux domestiques.

Exercice lexicologique 256.

Répondez aux questions suivantes à l'aide du Lexique.

Qu'est-ce: un Suédois, un Chinois, un colon, l'écriva des vignes, un photographe, une planète, les graminé une colonie, un réduit?

Que savez-vous sur l'Hymalaya?

Quels sont les homonymes de faim?

PASSÉ DÉFINI ET IMPARFAIT DU SUBJONCTIF.

Exercice 257.

VARIÉTÉS.

Règle 200. — Mettez chaque verbe soit au passé défini, soit à l'imparfait subjonctif.

La fable raconte qu'un ignorant (*hériter*) d'un manuscri qu'il (*porter*) chez un libraire auquel il le remit en disant « J'aimerais mieux que ce (*être*) une bourse pleine d'or qu'u livre. »

Le vieil Horace* ayant vu succomber deux de ses fils pou la patrie, on lui (*demander*) ce qu'il souhaiterait de plu avantageux pour le troisième : « Qu'il (*mourir*) comme se aînés, répondit le patriotique vieillard. »

Le capitaine Cook* entreprit trois grands voyages de cir cumnavigation*, (*visiter*) la plupart des archipels de l'O céanie*, (*relever*)* la position d'un grand nombre d'écueils qui parsèment l'Océan Pacifique et acquit à la science un foule de connaissances dont ses successeurs ont largemen profité. Fallait-il qu'à une foule de précieuses qualités l'in trépide marin (*ajouter*) une violence de caractère qui devai lui être si fatale? Fallait-il qu'il (*terminer*) sa glorieuse car rière dans une lutte malheureuse contre les insulaires d'Hawaii*?

VERBES EN IR ET IRE.

Exercice 258.

Règle 211. — Copiez et remplacez le futur de chaque verbe par l'infinitif précédé du présent de l'indicatif du verbe *devoir*. *Ecrivez* : Les roses fleuriront prochainement, les roses *doivent fleurir* prochainement.

Les roses *fleuriront* prochainement.
Les naturalistes *décriront* les mœurs de l'abeille.
Le médecin *prescrira* ce qu'il faut pour couper la fièvre.
Tu t'*interdiras* de convoiter le bien d'autrui.
L'hirondelle s'*enfuira* à l'approche de l'hiver.
On *enduira* cette muraille d'une substance hydrofuge*.
Vous *reproduirez* cet arbuste par le marcottage*.
Le domestique *revêtira* les fauteuils de leurs housses.
Les juges *séviront* contre les coupables.
Je *confirai* ces fruits dans l'eau-de-vie.
Il *traduira* ce livre de l'anglais en français.
On *élira* bientôt les conseillers municipaux.

LA LETTRE E DE LA PREMIÈRE CONJUGAISON.

Exercice 259.

Règle 212. — Rendez compte de la terminaison de chaque verbe. *Ecrivez* : *Tu vérifies* prend un *e* parce qu'il vient de *vérifier*, 1re conjugaison.

Tu vérifi-es.	Il absou-t.	Elle éternu-e.
Elle distribu-e.	Tu délai-es.	Il évalu-e.
Il ralenti-t.	Elle côtoi-e.	Je salu-e.
Il exclu-t.	Je ratifi-e.	J'écri-s.
Tu éblouі-s.	Tu di-s.	Tu gravi-s.
Je dénou-e.	Il couvri-t.	Je nou-e.

Exercice 260.

Règle 212. — Copiez et remplacez le verbe *devoir* et l'infinitif par le futur. *Ecrivez* : Je *dois étendre* le foin, j'*étendrai* le foin.

Je *dois étendre* le foin. — L'ennemi *doit mordre* la poussière. — Tu *dois clarifier** la liqueur. — Tu *dois t'habituer* au travail. — Nous *devons répandre* le fumier. — Nous *devons oublier* les offenses. — Le génie* *doit fortifier* cette place*. — Il ne *doit* pas s'*enorgueillir* de ses avantages physiques. — Les navires *doivent échouer** sur la plage*. — Vous *devez tondre* les brebis. — Vous ne *devez* jamais *crier* trop fort.

TERMINAISONS **AI, EZ, — RAI, REZ.**

Exercice 261.

Règles 213 et 214. — Copiez et changez le nombre des mots en italiques. *Ecrivez* : *Nous* vous *montrâmes* les plantes rares de notre jardin, *je* vous *montrai* les plantes rares de notre jardin.

Nous vous *montrâmes* les plantes rares de notre jardin. — *Tu regrettes ta* patrie absente. — *Tu plantes* des pommes de terre hâtives*. — *Nous* vous *enseignâmes* les moyens d'élever les abeilles. — *Tu ratisses* soigneusement les allées de *ton* jardin. — *Nous* vous *prierons* de *nous* aider de vos lumières. — Quand *tu entreprendras ton* voyage d'Amérique, *tu effectueras* la traversée de l'Océan en dix jours au plus. — *Nous* vous *décrirons* les volcans* gigantesques de la chaîne des Andes*. — *Tu visiteras* Jérusalem* et *tu graviras* la montagne des Oliviers. — *Nous* vous *conviâmes* l'année dernière à assister à l'inauguration* de notre école.

TERMINAISONS **RONS** ET **RONT.**

Exercice 262.

Règle 215. — Changez le nombre des mots en italiques. *Ecrivez* : *Les maîtres* nous *enseigneront* le calcul et la géographie.

Le maître nous *enseignera* le calcul et la géographie. — *Je moissonnerai mes* blés prochainement. — *Je fabriquerai* de la bière avec de l'orge et du houblon. — *L'hirondelle* nous *annoncera* le retour de la belle saison. — *Le renard* nous *dévorera* maint poulet. — *La vache* nous *donnera son* lait, *sa* crème, *son* beurre et *son* fromage. — *La vague* nous *engloutira* si nous nous hasardons sur ce léger esquif. — *J'irai* à la recherche des champignons; ceux que *j'aurai* trouvés, *je* les *accommoderai* pour *mon* dîner. — *J'achèterai* ces terres incultes, *je* les *défricherai* et *j'y planterai* des pommes de terre. — *Notre mère* nous *conduira* à la promenade quand nous *lui* aurons récité notre leçon.

PLURIEL **NT** DES VERBES.

Exercice 263.

LA BELETTE.

Règle 216. — Mettez au pluriel les mots en italiques.

Lorsque *la belette peut* entrer dans un poulailler, *elle* n'*attaque* pas *le coq* ni les vieilles poules; *elle choisit* les poulettes, les petits poussins, les *tue* par une seule blessure 'elle leur *fait* à la tête, et ensuite les *emporte* tous, les uns rès les autres. *Elle casse* aussi les œufs, et les *suce* avec une croyable avidité.

En hiver, *elle demeure* ordinairement dans les greniers, ns les granges; souvent même *elle* y *reste* au printemps et *lève ses* petits dans le foin ou la paille. Alors *elle grimpe* x colombiers, *prend* les pigeons et les moineaux.

Même exercice 264.

En été, *elle rôde* à quelque distance des maisons, surtout ns les lieux bas, autour des moulins, le long des ruisseaux, s rivières, se *cache* dans les buissons pour attraper des oi aux, et souvent *s'établit* dans le creux d'un vieux saule pour déposer *ses* petits. *Elle* leur *prépare* un lit avec de l'herbe, la paille, des feuilles, des étoupes. *La belette attaque* les uleuvres, les rats d'eau, les taupes, les mulots, *parcourt* s prairies, *dévore* les cailles et leurs œufs. *Elle* ne *marche* mais d'un pas égal; *elle* ne *s'avance* qu'en bondissant par tits sauts inégaux et précipités; et lorsqu'*elle veut* monter r un arbre, *elle fait* un bond par lequel *elle s'élève* tout un coup à plusieurs pieds de hauteur; *elle bondit* de même rsqu'*elle désire* attaquer un petit oiseau.

Exercice lexicologique 265.

Répondez aux questions suivantes à l'aide du Lexique.

) Qu'est-ce que : le capitaine Cook, le vieil Horace?

) Qu'est-ce que : un voyage de circumnavigation, un écueil, ne plage, un insulaire, le marcottage, une substance hy- ofuge, une inauguration, un manuscrit?

) Que savez-vous sur : l'Océanie, Jérusalem, Naples, l'île Hawaii, la chaîne des Andes?

) Que signifient ces mots : échouer, hâtif?

) Quels sont les homonymes de lait?

L'S DE LA DEUXIÈME PERSONNE.

Même exercice 266.

Règle 217. — Mettez au singulier les mots en italiques.

LES ÉGOÏSTES.

) O égoïstes, *vous* ne *vivez* que pour *vous*. Non *contents* de mplir à une table la première place, *vous occupez* celle de eux autres : *vous oubliez* que le repas est pour *vous* et pour ute la compagnie. *Vous vous rendez maîtres* du plat, *vous* ne *us attachez* à aucun des mets que *vous n'ayez* essayé de tous; *vous voudriez* pouvoir les savourer tous tout à fois : *vous* ne *vous servez* à table que de *vos mains*; *vous m niez* les viandes, les *remaniez*, les *démembrez*, les *déchirez* en *usez* de manière qu'il faut que les conviés, s'ils veule manger, mangent *vos* restes.

Même exercice 267.

Vous ne leur *épargnez* aucune de ces malpropretés capabl d'ôter l'appétit aux plus affamés. Si *vous enlevez* un rago de dessus un plat, *vous* le *répandez* en chemin dans un aut plat et sur la nappe. *Vous mangez* tout et avec grand bru *vous roulez* les yeux en mangeant; la table est pour *vous* ı râtelier. *Vous écurez vos* dents et *vous continuez* à mange *Vous vous faites*, quelque part où *vous vous trouviez*, u manière d'établissement et *vous* ne *souffrez* pas d'être pl *pressés* dans une assemblée que dans *votre* chambre.

Même exercice 268.

Il n'y a dans un carrosse que les places du fond qui *vo* conviennent; dans toute autre, si on veut *vous* en croir *vous pâlissez* et *tombez* en faiblesse. Si *vous entreprenez* ı voyage avec plusieurs, *vous* les *devancez* dans les hôtelleri et *vous vous ménagez* toujours dans la meilleure chambre meilleur lit. *Vous tournez* tout à *votre* usage, tout ce qı *vous trouvez* sous *votre* main *vous* est propre; *vous embarrass* tout le monde; *vous* ne *vous contraignez* pour personn *vous* ne *plaignez* personne; *vous* ne *connaissez* de maux qı les *vôtres*, que *votre* réplétion * et *votre* bile*; *vous* ne *pleur* point la mort des autres, *vous* n'*appréhendez* que la *vôt* que *vous rachèteriez* volontiers de l'extinction du genre hı main.

Exercice théorique 269.

Répondez, à l'aide de la Grammaire, aux questions suivantes :

A quel nombre met-on un verbe qui a plusieurs sujets Donnez-en trois exemples.

A quelle personne met-on un verbe qui a plusieurs suje de différentes personnes ? Donnez-en trois exemples.

Quelle précaution y a-t-il à prendre pour bien orthogra phier le futur ? Expliquez cela sur des exemples.

Dans les verbes de la première conjugaison comment di tingue-t-on la troisième personne du singulier du passé d fini de la troisième personne du singulier de l'imparfait d subjonctif ?

Quelle est la lettre finale qui caractérise la deuxième pe sonne du singulier ? Citez trois exemples.

EXERCICES D'INVENTION.

Exercice d'invention 270.

Remplacez les points par le ou les mots convenables.

Une voiture roule sur des ... au milieu de chacune desquelles il y a un ...; les deux moyeux sont réunis par un ... qui supporte tout le reste.

Le ciel est peuplé d'astres fort divers d'aspect : Il y a d'abord le ... qui nous éclaire pendant le jour, la ... qui le remplace pendant la nuit. Puis viennent d'innombrables ... qui apparaissent aussi la nuit. Quelquefois se montre une ... ornée d'une espèce de queue ou de chevelure.

Un torrent est un ... d'eau rapide qui reste à sec une partie de l'année.

Examinez cet arbre tout entier, depuis la partie qui se cache dans la terre jusqu'au sommet : vous trouverez d'abord dans la terre les ..., puis hors de terre le ...; puis les ... et enfin les ...

Exercice d'invention 271.

Remplacez les points par le ou les mots convenables.

Le côté du ciel où le soleil semble se lever le matin s'appelle l' ...; celui où il semble se coucher le soir s'appelle l' ...

Un horloger fabrique ou raccommode des ..., et des ...

Les chaussures en bois sont des..., les chaussures en cuir qui n'emprisonnent que le pied sont des ...; enfin, les chaussures en cuir qui montent jusqu'aux genoux sont des ...

Le maître écrit avec de la ... sur le tableau noir.

Entrons dans l'église pour y... Dieu.

La religion nous enseigne que les ... sont de purs esprits.

L'homme est composé d'une ... invisible et d'un... visible; celle-là est immatérielle et immortelle, celui-ci, au contraire, est ... et ...

Exercice d'invention 272.

Remplacez les points par le mot convenable.

Le lapin se blottit dans son ...

On serre le pain dans le ...

On garde le vin dans le ...

Les cerises poussent sur les ...; les pommes sur les ...; les pêches sur les ...; les groseilles sur les ...

Les poissons vivent dans l' ...

Les oiseaux volent dans l' ...

La laine vient sur le dos des ...

Le bœuf se nourrit d' ...

Les abeilles font le miel avec le suc* des...

On engraisse les porcs avec du ...

Exercice d'invention 273.

Remplacez les points par le ou les mots convenables.

Pour s'éclairer, on met une ... dans un chandelier et on l' ...; ou bien on met de l' ... dans une lampe, dans laquelle trempe une ..., que l'on ... également.

On charge un fusil avec de la ... et du ...

Les armes à feu sont : ...

Le chou est un ...; le raisin est un...; la pomme de terre est un ...; la carotte et la betterave sont des ...

Tous les végétaux* n'ont ni la même taille, ni la même consistance : ainsi le mouron est une ..., le rosier est un ..., et le chêne est un ...

Une habitation couverte en chaume est une ...

Une petite maison est une ...; une petite chambre est une ...

Exercice d'invention 274.

Remplacez les points par le ou les mots convenables.

Un tout petit cours d'eau s'appelle un ...; un cours d'eau plus considérable est une ...; enfin, un cours d'eau plus important encore et qui se jette dans la mer est un ...

Quelques maisons ou chaumières agglomérées forment un ...; un nombre d'habitations un peu plus grand constitue un ...; une localité un peu plus importante encore est un ...; enfin une localité très-peuplée est une ...

Une énorme élévation de terre est une ...; une élévation moindre est une ...; enfin une minime élévation est un ...

Une petite vallée s'appelle un ...

Exercice théorique 275.

Répondez, à l'aide de la Grammaire, aux questions suivantes :

Qu'appelle-t-on antécédent d'un pronom relatif? Donnez deux exemples.

Comment forme-t-on le féminin des adjectifs en *eux*, comme *heureux*, *peureux*?

Analysez : aimez votre prochain; faites du bien à vos ennemis eux-mêmes.

Exercice d'invention 276.

Remplacez les points par le ou les mots convenables.

L'homme a ... membres : ... bras et ... jambes.
La main est à l'extrémité du ...
Le pied est à l'extrémité de la ...
La main se compose de ... doigts.
Le pied se compose de ... orteils.
La main sert à ...
Les jambes servent à ...
L'œil nous a été donné pour ..., l'oreille pour ..., le nez pour ..., la langue et le palais pour ...
De là ... sens* qui sont : ...
La tête est rattachée au tronc au moyen du ...
Le cerveau* est logé dans le ...
Le cœur* et les poumons* sont dans la ...
L'estomac*, le foie* et les intestins* sont dans le ...

Exercice d'invention 277.

Remplacez les points par le ou les mots convenables.

L'homme a ... mains et ... pieds.
Les animaux domestiques ont ... pattes.
Les oiseaux ont ... ailes et ... pattes.
Les dents de l'homme et des animaux garnissent leurs ...
Les oiseaux prennent leur nourriture avec leur ...
L'homme ... ses aliments avant de les avaler.
Si nous ne pouvions respirer l'air, nous ...
Ceux qui ne savent pas nager courent risque de se ... s'ils tombent dans l' ...
Quand la poule a couvé ses ..., il en sort des ...
Les principaux oiseaux de nos basses-cours sont : ...

Exercice d'invention 278.

Remplacez les points par le mot convenable.

Une scie sert à ...
Une plume sert à ...
L'aiguille sert à ...
La vrille sert à ...
Le rabot sert à ...
Le marteau sert à ...
Le fusil sert à ...
Les vaisseaux servent à ...
Les voitures servent à ...
La charrue sert à ...

Exercice d'invention 279.

Remplacez les points par le ou les mots convenables.

Les cuillers et les fourchettes servent pour ...
Les verres* servent pour ...
Le sel et le poivre servent pour ...
La cheminée sert pour ...
La poêle sert pour ...
Le gril sert pour ...
L'évier* sert pour ...
Le buffet sert pour ...
La bassinoire sert pour ...
La brosse sert pour ...

Exercice d'invention 280.

Remplacez les points par le mot convenable.

L'enfant ... est celui qui n'aime pas le travail.
L'enfant ... est celui qui dit le contraire de la vérité.
L'enfant ... est celui qui mangerait jusqu'à se faire mal.
L'enfant ... est celui qui agit et qui parle sans réflexion.
L'enfant ... est celui qui aime l'étude.
L'enfant ... est celui qui aime le travail.
L'homme ... est celui qui se contente d'une nourriture simple.
Le charretier ... est celui qui maltraite inutilement ses chevaux.
L'homme ... est celui qui est privé de la vue.
L'homme ... est celui qui n'entend pas ou qui n'entend que difficilement.

Exercice d'invention 281.

Remplacez les points par le mot convenable.

Un terrain est ... quand il n'est composé que de sable.
Un terrain est ... quand il n'est composé que de craie.
Une ville est ... quand elle renferme un nombre considérable d'habitants.
Un champ* est ... quand il ne donne pas de récolte.
Un puits est ... quand il a fallu beaucoup creuser pour arriver jusqu'à l'eau.
Le temps est ... quand il est sur le point de pleuvoir.
L'hiver est ... quand il gèle très-fort.
Un pays est ... quand il est tout couvert de montagnes.
Un pays est ... quand les hommes ne l'habitent point.

Exercice d'invention 282.

Remplacez les points par le verbe convenable.

Cette horloge ... les heures et les demi-heures.
Le meunier ... le blé pour en faire de la farine.

Le boulanger ... le pain.
Le cultivateur ... la terre.
Le chasseur ... le gibier.
Le berger ... les brebis.
Le vigneron ... la vigne.
Le dentiste ... les dents.
Le roulier ... les voitures.
Le bûcheron ... les arbres.

Exercice lexicologique 283.

Répondez, au moyen du Lexique, aux questions suivantes :

Quels sont les homonymes de porc, cœur, foie, verre, champ?

Qu'est-ce que : un végétal, un orteil, un évier?

Qu'est-ce que : le cerveau, le cœur, les poumons, l'estomac, le foie, les intestins?

Que signifie le mot suc; quelle différence y a-t-il entre *suc* et *sucre?*

Exercice d'invention 284.

Remplacez les points par l'adjectif convenable.

La fleur du bluet est de couleur ...
La cerise est un fruit de couleur ...
Le citron est de couleur ...
La réglisse a une saveur ...
La rose répand une ... odeur.
Le chien est un animal ...
Le charbon est ...
La citrouille est ...
La prairie est ...
La terre est ... comme une boule.

Exercice d'invention 285.

Remplacez les points par le mot convenable.

La porte est fermée avec ...
Les croisées sont vitrées avec ...
La chambre est carrelée avec ...
La maison est couverte avec ...
Les briques* sont faites avec ...
Les souliers sont faits avec ...
Les casseroles sont faites avec ...
Les meubles sont faits avec ...
Les pièces de monnaie sont faites, les unes avec ..., les autres avec ..., d'autres encore avec ...
La viande est salée avec ...

Exercice d'invention 286.

Remplacez les points par le mot convenable.

On met de l'encre dans ...
On met du sucre dans ...
On met de l'eau dans ...
On met du vin dans ...
On met du sel dans ...
On met du poivre dans ...
On met de la moutarde dans ...
On met des allumettes dans ...
On met l'huile et le vinaigre dans ...
On met la sauce dans ...

Exercice d'invention 287.

Remplacez les points par le ou les mots convenables écrits en toutes lettres.

Il y a ... jours dans une semaine.
Les noms des jours de la semaine sont : ...
Dans un jour il y a ... heures; dans une heure il y a ... minutes, et dans une minute ... secondes.
Il y a dans une année ... saisons, qui sont : ...
Une année se compose de ... mois, qui sont : ...
Chaque mois a ... ou ... jours.
... ans font un siècle. Nous sommes dans le ... siècle à dater de la naissance de N.-S. J.-C., et en l'année ...

Exercice d'invention 288.

Remplacez les points par le ou les mot convenables.

On entoure les cours et les jardins de... ou de...
On passe les rivières sur des...
On éteint les incendies avec...
On se chauffe avec...
Après notre mort *, on met notre corps * dans...
Le pain * est cuit dans...
La fumée du foyer s'échappe par...
Les brebis paissent dans...
On traverse la mer * dans...
On met des lunettes pour...
Quand on a faim *, il faut...
Quand on a soif, il faut...

Exercice d'invention 289.

Remplacez les points par le mot convenable.

La piété est le contraire de...
La vertu est le contraire du...
La paresse est le contraire du...
La modestie est le contraire de...

La frugalité est le contraire de...
La vérité est le contraire du...
La sobriété est le contraire de...
L'emportement est le contraire de...
La désobéissance est le contraire de...
L'amitié est le contraire de...

ORTHOGRAPHE USUELLE.

Exercice 290.

LES CHEMINS DE FER.

Copiez et faites une liste des mots soulignés que vous rangerez sous le titre *Mots relatifs aux chemins de fer.*

Les *chemins de fer* ou *voies ferrées* ne datent véritablement que du commencement du dix-neuvième siècle*. On établit les chemins de fer de façon à ce qu'ils aient le moins de *pente* possible. Voilà pourquoi on leur fait suivre le plus souvent les *vallées*. Quand cela est nécessaire on a recours tantôt à des *remblais**, tantôt à des *tranchées** dont on garnit les *talus** de murs de *soutènement*. Faut-il passer sous une montagne? On construit un *tunnel**. Faut-il traverser une *vallée* ou un *précipice?* On bâtit un *viaduc**.

Même exercice 291.

Deux *bandes de fer* disposées parallèlement et fixées sur des *traverses* constituent la partie essentielle de la *voie ferrée.* Ces deux *bandes de fer* se nomment les *rails;* c'est avec elles que s'emboîtent les *roues* des voitures.

Celles-ci sont de plusieurs sortes : il y a les *wagons* qui servent pour le *transport* des *voyageurs* et des *marchandises.* Un certain nombre de *wagons* attachés les uns à la suite des autres forment un *train* ou un *convoi*. Tout cet ensemble est *traîné* par une *locomotive* que met en mouvement la *vapeur d'eau.*

Même exercice 292.

Entre la *locomotive* et les *wagons* est placé le *tender*, qui contient la provision indispensable de *houille* ou charbon de terre et d'eau. Une couche de sable nommée *ballast* recouvre toute la *voie ferrée.*

Tout le long du chemin courent, suspendus à des *poteaux*, les *fils* du *télégraphe électrique*. Ils mettent toutes les *stations* ou *gares* en *communication instantanée* les unes avec les autres.

Dans les villes qui sont *têtes de ligne* et dans les centres de *population* les plus importants il y a des *embarcadères*, dont quelques-uns sont de véritables *monuments*.

Même exercice 293.

Il faut voir le *mouvement* incessant, continuel, qui y règne, la *foule* des *voyageurs* qui arrivent et qui partent, la longue *file* des personnes qui se préparent à prendre leur *billet* au *guichet*, et qui de là courent faire *enregistrer* leurs *bagages*, puis s'empressent de gagner leurs *salles d'attente* respectives. Les gens qui ont hâte d'arriver prennent le train *express*, qui ne s'arrête que de loin en loin aux grandes *stations*; les autres se contentent des *trains-omnibus*, ainsi nommés parce qu'ils s'arrêtent à toutes les stations.

Cependant on entend le *sifflet* de la *locomotive*, dont la *cheminée* lance dans les airs des *flots de fumée*. Voilà le *train* en marche, puisse-t-il arriver sans *collision* * à sa destination!

Exercice 294.

LES FORÊTS ET LES BOIS.

Copiez, puis faites une liste des mots soulignés que vous rangerez sous le titre de *mots relatifs aux forêts et aux bois.*

Les *forêts* se distinguent des simples *bois* par leur étendue beaucoup plus grande. Un *bois* est appelé *futaie* quand il n'est composé que de grands *arbres*; il prend le nom de *taillis* lorsqu'au contraire il ne renferme que des *cépées* * et du *menu bois*. Les endroits les plus épais d'un *taillis* sont des *fourrés*, que l'on appelle encore des *halliers*, surtout quand ils servent de *refuge* au *gibier*. Une *clairière* est l'endroit d'un bois où il n'y a presque point d'*arbres*.

Parmi les *essences* de *bois*, les unes sont qualifiées de *bois durs*, les autres de *bois blancs*. Les bois *durs* sont ceux qui ont beaucoup de *cœur* et peu d'*aubier* *. Les *bois blancs* n'ont guère, par contre, que de l'*aubier*.

Même exercice 295.

Une étendue de bois que l'on abat en même temps est une *vente*. Une *vente* n'est pas coupée *à blanc*, on y réserve des *baliveaux* *; le bois abattu se divise en *bois de charpente* et *bois à brûler*. Le bois de *charpente* se vend *équarri*, c'est-à-dire taillé en *parallélipipède* ou en *grume*, c'est-à-dire avec son écorce.

On cite un grand nombre de variétés de bois à brûler : il y a les *bûches* ou *bois de moule*, le *bois brigaut*, composé du bout des *branches* des arbres qu'on abat; les *cotrets*, les *fa-*

gots, les *bourrées*. On qualifie de bois *pelard* celui dont on a enlevé l'*écorce* pour en faire du *tan*. Le bois *chablis* comprend tous les pieds d'arbres que le vent a couchés par terre.

Aujourd'hui on mesure le bois à brûler au poids ou au *stère**, et le bois de charpente au *décistère*. Les anciennes mesures étaient la *voie*, la *corde* et la *solive*.

Même exercice 296.

Les usages du bois sont presque infinis : on en fait des *poutres*, des *planches*, des *perches*, des *pieux*, des *échalas*, des *roues*. Avec le *châtaignier* on confectionne des *cerceaux*; avec l'*écorce* du *tilleul* on fabrique des *cordes* pour les *puits*; les *douves** des *tonneaux* sont en *chêne*. Les *broussailles*, qui sont le bois le plus *menu*, servent à chauffer le *four*, concurremment avec le *genêt* et la *bruyère*.

D'anciennes forêts, enfouies sous la terre il y a des siècles, se sont changées en *houille* ou *charbon de terre*. La houille, chauffée dans des vases en *tôle*, se convertit en un autre charbon nommé *coke*. Le bois devenant chez nous de plus en plus rare, la *consommation* de la *houille* et du *coke* s'étend chaque jour davantage.

Exercice 297.

LA NOURRITURE DES ANIMAUX.

Copiez, puis faites une liste des mots soulignés que vous rangerez sous le titr de *Mots relatifs aux animaux et à leur nourriture.*

Les *singes* se nourrissent principalement de *fruits*, tels que *noix*, *noisettes*, *amandes*, *figues*, *prunes*, *melons*. Les *lions*, les *tigres*, les *panthères*, les *chats* sont des *animaux carnassiers** qui dévorent des *bêtes* toutes vivantes. Les *belettes*, les *fouines* font une rude guerre à nos *basses-cours*, mais les *renards* y causent encore de plus grands *dégâts* : vieux *coqs*, *poules*, *poulets*, tout leur est bon. Ils ne dédaignent pas non plus certains *fruits* de nos *vergers* : les *raisins* les plus appétissants sont ceux qu'ils choisissent pour composer leur dessert. Les *loups* sont le fléau* des *bergeries*, la terreur des *béliers* et des *brebis*, qu'ils étranglent impitoyablement.

Même exercice 298.

Les *aupes*, les *musaraignes*, les *hérissons*, se nourrissent d'*insectes*.

Les *bœufs*, les *chevreuils*, les *cerfs*, les *ânes*, et même les *girafes* et les monstrueux *éléphants*, broutent l'*herbe* des *forêts* ou des *prairies*.

Le *cheval* recherche également les *graminées* qui composent nos *gazons;* mais, de plus, les *graines* de l'*avoine* et de l'*orge* sont pour lui un régal.

Parmi les *oiseaux*, les uns font leur nourriture des *graines* des *végétaux*, des *baies*, des *fruits* des *arbres* et des *arbrisseaux;* les autres ont une *alimentation* exclusivement animale : ils nous débarrassent des *chenilles*, des *pucerons*, des petites *mouches*, des *vers* qui sont les plus terribles *ennemis* de nos *vergers* et de nos *champs*. Tout est donc arrangé sur la terre de telle sorte qu'il n'y ait rien d'inutile.

Exercice théorique 299.

Répondez, à l'aide de la Grammaire, aux questions suivantes :

Comment forme-t-on le féminin dans beaucoup de noms en *eur*, comme *voyageur?*

En quoi consiste l'élision? Donnez-en trois exemples.

Comment se terminent les adjectifs dont on forme le féminin en doublant la consonne finale avant d'ajouter l'*e* muet? Donnez un exemple de chaque terminaison.

Comment s'accorde un adjectif qualifiant deux noms singuliers de différents genres?

Exercice lexicologique 300.

Répondez, au moyen du Lexique, aux questions suivantes :

Quels sont les homonymes de : mort, corps, pain, mer, faim?

Comment fait-on les briques?

De quoi se compose un siècle?

Qu'est-ce que le stère?

Qu'est-ce que : un remblai, une tranchée, un talus, un tunnel, un viaduc, une collision?

Qu'est-ce que : une cépée, l'aubier, un baliveau, une douve?

Quelles sont les différentes significations du mot fléau?

RÉCAPITULATION

SUR LE NOM, L'ADJECTIF, LE PRONOM ET LE VERBE.

Exercice 301.

L'ARC-EN-CIEL.

Copiez et écrivez convenablement les mots entre parenthèses.

A la suite d'un orage pendant lequel les (*grondement*) du tonnerre avaient épouvanté tous les (*être*) vivants, les (*hôte*) des (*vallon*), des (*plaine*) et des (*forêt*), aussi bien que les (*homme*) eux-mêmes, il se forma tout à coup à l'horizon un magnifique arc-en-ciel*. Le petit Henri, qui l'(*apercevoir*, passé déf.) de sa fenêtre, s'écria, plein de joie : « Non, jamais je n'ai vu d'aussi (*admirable*) couleurs! C'est là-bas, près des vieux (*saule*) et des hauts (*peuplier*) qui (*ombrager*, ind. prés.) les bords du ruisseau, qu'elles (*descendre*, ind. prés.) des (*nuage*) sur la terre. Sans doute ces (*beau*) couleurs tombent par petites (*goutte*) des (*feuille*) de ces (*arbre*). Courons vite, et remplissons-en (*tout*) les (*coquille*) de ma boîte à (*couleur*). »

Même exercice 302.

Et l'enfant de courir à toutes (*jambe*) vers les (*arbre*), à travers les (*champ*), les (*vigne*), les (*prairie*), franchissant les (*fossé*) et les (*haie*), et se jouant de tous les (*obstacle*), tant (*être*, imp. de l'ind.) grande son impatience de posséder l'objet de (*ses, ces*) désirs.

Mais (*juger*, impér.) de son désenchantement lorsque, parvenu auprès des (*arbre*) qui lui avaient paru colorés des (*nuance*) de l'arc-en-ciel, il ne (*découvrir*, pas. déf.) pas la moindre trace des (*couleur*) tant convoitées*. Le pauvre enfant ne put *reten(ir,-ire)* ses (*larme*). Pour comble de malheur, ses (*vêtement*) étaient trempés par la pluie. Il reprit tristement le chemin de la maison, et (*raconter*, pas. déf.) sa mésaventure* à ses (*parent*).

Même exercice 303.

Son père lui (*répondre*, pas. déf.) en souriant : « Mon fils, (*ces, ses*) couleurs ne sont pas de (*ceux*) qu'on peut mettre dans des (*coquille*); ce sont tout simplement des (*gouttelette*) de pluie qui (*briller*, ind. prés.) quelques (*instant*) aux (*rayon*) du soleil. (*Ces, ses*) teintes resplendissantes n'ont rien de réel. Il en est de même, mon cher ami, de toutes les (*pompe*), de toutes les (*grandeur*), de tous les (*honneur*), de toutes les (*vanité*) de ce monde. Tous, tant que nous sommes, (*homme*) et (*enfant*), nous (*employer*, ind. prés.) tous les (*jour*) de notre vie à *cour(ir,-ire)* après des (*hochet*) dont la possession ne nous dédommage jamais des (*peine*) qu'ils nous ont coûtées. (*Jouet*) de nos (*illusion*), nous sommes cependant (*incorrigible*), nous ne (*renoncer*, ind, prés.) jamais à faire la chasse aux (*chimère**), ravis d'oublier que les (*nuage*) les plus brillants ne sont que de l'eau. »

Exercice 304.

LES ABEILLES.

Copiez et écrivez convenablement les mots entre parenthèses.

Les (*abeille*) ou (*mouche*) à miel vivent en (*colonie*) dans des (*espèce*) de (*panier*) nommés (*ruche*). Une ruche contient trois (*classe*) d'(*habitant*) : les (*ouvrière*), les (*bourdon*) et la reine. Les ouvrières (*remplir*, ind. prés.) les (*fonction*) les plus diverses; elles se (*partager*, ind. prés.) en (*cirière*) et en (*nourrice*). Les premières (*récolter*, ind. prés.) les vivres et (*charrier*. ind. prés.) les matériaux nécessaires pour la construction de (*leur*) bâtisses; les secondes (*vaquer* *, ind. prés.) aux (*soin*) du ménage et à l'éducation des jeunes (*mouche*).

Il faut voir, par une belle journée de printemps*, les (*cirière*) pénétrer dans les (*fleur*) épanouies pour y *recueill* (*ir*, *-ire*) une poussière jaune et une espèce de résine qui s'attachent aux (*brosse*) dont (*leur*) pattes de derrière sont garnies, et de là tombent, façonnées en petites (*pelote*), dans les deux (*cuiller*) creusées à l'extrémité de ces (*même*) pattes.

Même exercice 305.

C'est avec (*ces, ses*) matériaux que les (*abeille*) construisent les (*rayon*) ou gâteaux qui servent de (*nid*) pour les petits, et de (*magasin*) pour les (*provision*) de la communauté.

(*Ses, ces*) (*rayon*) nous (*fournir*, ind. prés.) la cire, que nous (*utiliser*, ind. prés.) de tant de (*manière*). Ils sont composés de petites (*chambre*) ou (*cellule*) nommées (*alvéole*). La plupart de ces (*cellule*) servent de (*logement*) aux (*larve*); on nomme ainsi les jeunes (*abeille*) tant qu'elles (*avoir*, ind. prés.) la forme de (*ver*); d'autres (*alvéole*) deviennent des (*magasin*) où l'on serre le pollen* ou le miel; enfin, deux ou trois (*cellule*) beaucoup plus (*grand*) (*constituer*, ind. prés.) les (*appartement*) des jeunes (*reine*). Quand les (*bourdon*) ne sont plus (*utile*) à la communauté, les ouvrières les (*tuer*, ind. prés.) en les (*percer*, part. prés.) de leurs (*aiguillon*).

Même exercice 306.

On ne souffre qu'une (*seul*) reine dans chaque essaim. A mesure qu'elle (*pondre*, ind. prés.) des (*œuf*), les ouvrières les (*déposer*, ind. prés.) dans les (*cellule*) préparées à (*cet*) effet. Trois ou quatre (*jour*) après, il sort des œufs de (*petite*) larves que les ouvrières (*nourrir*, ind. prés.) avec des bouillies (*différent*), suivant qu'elles en veulent faire des (*ouvrière*), des (*bourdon*) ou des (*reine*). Bientôt les (*larve*) sont enfermées par leurs (*nourrice*) dans les (*cellule*) où elles sont nées. Elles se (*filer*, ind. prés.) dans (*ses, ces*) sortes de (*prison*) une coque* de soie où elles (*ce, se*) changent en (*nymphe*).

Enfin, après un nombre de (*jour*) plus ou moins grand, elles (*arriver*, ind. prés.) à l'état parfait. Les jeunes (*reine*) se (*battre*, indic. prés.) entre elles jusqu'à ce qu'il n'en survive plus qu'une seule, qui devient la souveraine de la (*nou-*

veau) société. Quant aux (*vieux*) abeilles, elles vont s'*établ(ir, -ire)* ailleurs sous la conduite de la (*vieux*) reine, pour y recommencer les (*même*) travaux. (*Cet*) émigration s'appelle l'essaimage. Une ruche (*donner*, ind. prés.) quelquefois trois ou quatre (*essaim*) par an.

Même exercice 307.

N'ÉCOUTEZ PAS AUX PORTES.

Copiez et écrivez convenablement les mots entre parenthèses.

Deux petits (*garçon*) de la ville en étant sortis pour chercher des (*nid*) dans la forêt (*voisin*), (*finir*, pas. déf.) par s'égarer, et (*ce, se*) trouvèrent bien heureux de rencontrer une auberge où on les admit à passer la nuit. Vers minuit, ayant entendu un bruit de (*voix**) dans la chambre voisine, ils (*coller* pas. déf.) leurs (*oreille*) contre la cloison* afin de mieux écouter. Alors ils *entendre* (pas. déf.) distinctement l'aubergiste dire à sa femme : « Dès demain matin tu *mettre* (futur) tes (*chaudière*) sur le feu, tandis que je vais tuer nos deux petits (*drôle*) de la ville. »

A (*ces, ses*) mots, les pauvres (*enfant*) furent saisis de transes* (*mortel*). « O ciel ! se dirent-ils tout bas, nous sommes sombés entre les (*main*) d'un anthropophage*! » Et (*tout*) deux de (*ce, se*) lever à la hâte, de passer leurs (*vêtement*) et de sauter par la fenêtre pour prendre la fuite. Mais, en sautant, ils se firent tant de mal* aux (*pied*) qu'ils ne pouvaient presque plus marcher. D'ailleurs la porte de la cour *être* (imp. de l'ind.) si solidement fermée, les murs* en *être* (imp. de l'ind.) si hauts, que tout espoir d'échapper s'évanouit aux (*œil*) des petits (*citadin*)*.

Même exercice 308.

Ils ne savaient plus à quel saint (*ce, se*) vouer, lorsqu'après mille (*projet*) inexécutables ils prirent le parti de (*ce, se*) glisser dans l'étable aux (*cochon*), où ils *passer* (pas. déf.) la nuit dans des (*angoisse*) et des (*terreur*) indescriptibles. Le lendemain matin, l'aubergiste ouvrit la porte de l'étable et se mit à aiguiser (*ses, ces*) couteaux, en s'écriant : « Allons, mes petits (*ami*), sortez ; votre (*dernier*) heure est venue. »

En entendant ces (*parole*), les deux enfants *pousser* (pas. déf.) des (*cri*) lamentables et vinrent (*ce, se*) jeter aux (*genou*) de l'aubergiste, le *supplier* (part. prés.) de ne pas les égorger. L'aubergiste, fort surpris de trouver dans (*ces, ses*) lieux les deux petits voyageurs, (*leur*) demanda pourquoi ils le considéraient comme un de ces anthropophages que l'on ne rencontre plus que dans les (*région*) les plus (*désert*) du globe.

Même exercice 309.

Les deux enfants *répondre* (pas. déf.) en versant des (*larme*) entrecoupées de (*sanglot*) : « C'est que vous avez dit vous-même à votre femme, cette nuit, que vous nous *tuer* (cond. prés.) ce matin. — Pauvres nigauds! (*c', s'*) écria l'hôte*; c'était bien de vous, ma foi, qu'il s'agissait! Par nos deux petits (*drôle*) de la ville, *j'entendre* (imp. de l'ind.) mes deux petits (*cochon*) (*auquel*) j'ai donné ce nom, parce que c'est là que je les ai achetés à l'une des (*dernier*) foires. Mais voilà ce que c'est que d'écouter aux (*porte*) : on s'attire mille (*mal*) et des (*inconvénient*) de toute nature; on (*ce, se*) loge dans l'esprit mille (*chimère*), qui sont la source des plus (*fou*) terreurs. »

Exercice 310.

LES PAPILLONS ET LES CHENILLES.

Copiez et écrivez convenablement les mots entre parenthèses.

Vous savez qu'un insecte, un papillon, par exemple, pendant la (*premier*) période de sa (*court*) existence, n'a pas sa forme (*définitif*). En sortant de l'œuf, il n'est qu'une (*repoussant*) chenille, une (*hideux*) larve. La (*principal*) ou plutôt l'(*unique*) occupation de (*cet*) larve, c'est de manger sans interruption en attendant l'heure où elle (*se, ce*) transformera en chrysalide; mais, jusqu'à (*ce, se*) moment, quelle (*prodigieux*) quantité d'aliments n'absorbera-t-elle point! Cependant l'épreuve (*solennel*) va bientôt s'*accompl* (*-ir, -ire*).

Voyez la bête (*inquiet*) préparant sa tombe (*temporaire*)* : telle larve, sans faire tant de façons, s'enfonce simplement dans la terre (*humide*); telle autre s'y creuse une niche (*rond*) à parois (*poli*) et (*reluisant*) comme une glace (*vénitien*)*. Celle-ci prend une feuille (*sec*) qu'elle enroule plusieurs fois autour de son corps; celle-là amasse des grains de sable, des parcelles de bois pourri, et les agglutine* en une boule (*creux*) dans (*lequel*) elle pourra (*ce, se*) *blott* (*-ir, -ire*).

Même exercice 311.

Voici une larve qui se *creuser* (futur) dans un grain de blé une habitation (*souterrain*), et elle y parviendra en *ronger* (part. prés.) la partie (*farineux*) de (*ce, se*) grain. N'aurions-nous pas (*mauvais*) grâce de nous plaindre, dès lors qu'elle sera assez (*scrupuleux*) pour laisser l'écorce (*intact*)? Cette autre, moins (*méticuleux*), moins (*précautionné*), se *contenter* (futur) de chercher un abri dans quelque ride (*étroit*), mais (*profond*) d'une écorce suffisamment (*épais*), dans le trou d'une muraille (*lézardé*), et elle s'y *suspendre* (futur) au moyen d'une ceinture (*élastique*) et (*résistant*) qu'elle aura soin de s'appliquer sous le corps*. Ce n'est point une (*vain*) curiosité qui a poussé les naturalistes à étudier l'industrie si (*varié*) des larves. On comprend que la (*complet*) connaissance de (*leur*) habitudes rend leur destruction plus (*facile*) et plus (*sûr*).

Même exercice 312.

Or, quel intérêt n'avons-nous pas à nous débarrasser de ces habitants incommodes de nos jardins et de nos champs? Quelle plante (*potager*) se trouve à l'abri de quelqu'une d'entre elles? Citons au hasard trois ou quatre de ces (*dévorant*) : le chou en nourrit une, la noctuelle, papillon qui présente une teinte (*brun*) sur les ailes antérieures et une teinte (*blanchâtre*) sur les ailes inférieures. Sa chenille est (*vert*) ou (*jaune*) (*sale*). Elle porte sur le milieu du dos une ligne (*longitudinal*) (*obscur*) et une raie (*noir*) sur chacun des côtés. Dieu sait avec quel appétit féroce elle ronge le cœur* des (*chou*) pommés.

Même exercice 313.

Mentionnons ensuite la pyrale du pommier. La (*premier*) paire* de (*ces, ses*) ailes est (*cendré*), (*marbré*) transversalement de brun, et présentant des deux côtés une (*grand*) tache (*roux*) d'un rouge doré. La (*second*) paire d'ailes est colorée d'une teinte (*brun*). La pyrale pond un œuf dans l'œil des pommes qui commencent à nouer. De là naît une (*petit*) larve qui s'introduit dans l'intérieur du fruit. La peau de cette (*malencontreux*) chenille est si (*transparent*) que celle-ci semble changer de couleur avec les matières dont elle s'est nourrie; aussi paraît-elle tantôt (*brun*), tantôt (*jaunâtre*), d'autres fois (*rosé*) ou toute (*blanc*).

Même exercice 314.

Le prunier a aussi sa pyrale, comme le châtaignier a la sienne, comme les petits pois* ont la leur. Malheur à qui n'exerce pas, à l'égard de (*ces, ses*) ennemis, la surveillance la plus (*assidu*) et la plus (*attentif*)! Il *payer* (futur) cher sa (*coupable*) négligence. Si vous *habiter* (ind. prés.) la campagne, faites une guerre (*incessant*), sans trêve ni merci, aux papillons et aux larves. Nulle chasse n'est plus (*fructueux*) que celle-là. Figurez-vous vos légumes rongés, chacune de vos poires et de vos pommes (*véreux*), chaque feuille de votre vigne ou de vos cerisiers (*recroquevillé*)*, et alors vous *apporter* (futur) tous vos soins à prévenir la multiplication vraiment (*calamiteux*) de (*ses, ces*) lépidoptères*; vous *demander* (futur) à la science, toujours (*utile*) et (*bienfaisant*), les moyens les plus propres à les anéantir.

Exercice 315.

UN CHERCHEUR DE TRÉSOR.

Mettez tout ce récit au présent.

Un soir, un paysan nommé Léonard, qui revenait de labourer et qui était occupé à dételer ses bœufs, (*voir*) entrer dans sa cour un individu vêtu d'une manière bizarre, portant un gros livre sous le bras, et ayant dans la main une longue baguette blanche. Ce personnage (*annoncer*) au trop crédule* laboureur qu'il peut devenir sur-le-champ plus riche qu'un nabab*. « Un coffre rempli d'or et de pierreries, lui dit-il, est enfoui dans une de vos terres; consentez à m'en donner la dixième partie, et je vous révélerai l'endroit. » Léonard se (*hâter*) d'acquiescer* à cette demande.

Même exercice 316.

Vers minuit, le cultivateur et le sorcier (*s'armer*) de pioches et de pelles, et se (*rendre*) au lieu désigné. Ils (*creuser*) sans perdre un instant, et bientôt une grande et lourde caisse (*s'offrir*) à leurs yeux. Ils (*avoir*) beaucoup de peine à la sortir du trou, tant elle (*être*) lourde. Ils y parviennent à la fin et la (*rapporter*) chez le cultivateur.

Celui-ci ne se tient pas de joie. Aussi (*supplier*)-t-il son compagnon d'ouvrir au plus vite la précieuse caisse. Celui-ci s'en (*garder*) bien. Il lui faut lire au préalable dans son grimoire* une foule de formules magiques qui doivent soustraire le trésor à la convoitise* des autres sorciers. De plus, il faut que le coffre soit frotté avec certaine drogue mystérieuse, sans quoi toutes les richesses qu'il (*contenir*) doivent se changer en charbon. « Qu'à cela ne tienne, (*s'écrier*) l'impatient Léonard, voilà dix pièces d'or; courez acheter les merveilleuses drogues chez le vieil apothicaire qui vous a dit les avoir à votre disposition. » L'imposteur (*disparaître*) aussitôt, mais ce (*être*) pour longtemps.

Même exercice 317.

Le pauvre Léonard (*attendre*) en vain son retour : les heures, les jours, les mois se (*succéder*) sans que l'homme à la baguette blanche rapporte les substances qui doivent faire tomber les ferrures enchantées du coffre. Léonard se (*décider*) à s'en passer et à ouvrir ce coffre par les moyens ordinaires. Rien ne (*résister*); mais, à la place des richesses qu'il a rêvées, que (*trouver*)-t-il? Des cailloux provenant du ruisseau qui (*couler*) au bout de son champ! Le pauvre Léonard (*comprendre*) que, grâce à sa trop grande crédulité*, il (*être*) la dupe* d'un adroit et audacieux filou.

Exercice 318.

LE PÈLERIN.

Mettez les verbes à l'imparfait.

Dans un magnifique château (*habiter*) un riche chevalier qui (*dépenser*) chaque année des sommes considérables pour l'embellissement de sa somptueuse demeure. En revanche, il ne faisait que fort peu de bien aux pauvres, quand toutefois il ne (*négliger*) pas entièrement de les secourir. Il (*avoir*) bien autre chose à faire vraiment que de s'intéresser aux peines des petites gens.

Mettez les verbes au passé défini.

Or un jour un vieux pèlerin se (*présenter*) au château et (*demander*) au propriétaire l'hospitalité pour une nuit. Le chevalier (*refuser*) avec hauteur, et comme on *insister* (imparf.), il (*ajouter*) que son château n'était point une hôtellerie.

Même exercice 319.

« Permettez-moi seulement de vous adresser trois questions, (*s'écrier*) alors le pèlerin, puis je ne vous *importuner* (futur) plus davantage, et je *continuer* (futur) ma route. — Je consens à ce que vous me *proposer* (ind. prés.), (*répondre*) le chevalier. — Qui (*habiter*) ce château avant vous? (*demander*) le pèlerin. — Mon père. — Et avant votre père? — Mon grand-père. — Et qui vous *succéder* (futur)? — Mon fils, s'il plaît à Dieu. — Eh bien! dit le pèlerin, si les habitants de ce château n'y (*séjourner*) qu'un certain temps, si chacun d'eux y fit toujours place à un autre, il en résulte que vous n'en êtes que les hôtes, et que ce château est une véritable hôtellerie. Pourquoi dès lors vous mettre tant en frais pour embellir ce que vous ne *posséder* (ind. prés.) que temporairement? Que ne secourez-vous plutôt les pauvres? Vous vous *préparer* (cond. prés.) par là une demeure éternelle dans les cieux. »

Même exercice 320.

Ces paroles firent rentrer en lui-même l'orgueilleux chevalier. Il (*reconnaître*) toute la vanité des embellissements qui jusqu'alors avaient fait le charme de sa vie. Il revint à des sentiments plus humains, et non-seulement il (*accorder*) l'hospitalité au pèlerin, mais encore, à dater de ce jour, il (*consacrer*) la plus grande partie de ses revenus au soulagement des infortunés dont les chétives cabanes *entourer* (imp. de l'ind.) son manoir.

Exercice théorique 321.

Citez trois noms formant leur féminin par l'addition d'un *e* muet et tirez-en la règle.

Quel est le féminin des adjectifs *beau, nouveau, fou, mou?* Rendez raison de ce féminin.

Comment écrit-on au masculin pluriel les adjectifs terminés par *al* au masculin singulier? Donnez deux exemples.

Comment distingue-t-on *ces* démonstratif de *ses* possessif?

Dans quel cas *leur* ne prend-il jamais d'*s?*

Exercice lexicologique 322.

Répondez, au moyen du Lexique, aux questions suivantes :

Qu'est-ce que : l'arc-en-ciel, une mésaventure, une chimère, le pollen, une cloison?

Qu'est-ce que : un anthropophage, un citadin, un lépidoptère, un nabab, un grimoire, la convoitise, la crédulité, une dupe?

Quel est le sens des adjectifs temporaire, vénitien, crédule?

Quelle est la signification des verbes : convoiter, vaquer, agglutiner, recroqueviller, acquiescer?

Quelles sont les différentes significations du mot *coque?* Donnez des exemples.

Expliquez les deux significations du mot *hôte.*

Citez des homonymes de : voix, bas, mal, mur, paire, pois, coque.

FORMATION DES MOTS.

Exercice de formation 323.

L'élève remplacera le complément de chaque nom par un adjectif.

La douleur *d'une mère**. — Une rétribution *de chaque mois**. — Un vice *d'origine.* — Une plante *dont la vie dure deux ans**. — Un péché *d'habitude.* — Un homme *d'esprit.* — Une prescription *de la loi**. — La pratique *de la chirurgie.* — Une denrée *des colonies.* — Un abord *de glace.* — Un tapage *d'enfer.* — Une taille *de colosse.* — L'épine *du dos**.

Même exercice 324.

Une voix *de femme.* — Un paroissien selon *le rit de Rome.* — Une plante *de la mer.* — Un garde *des forêts.* — Les fonts* *du baptême.* — La cérémonie *de la noce**. — La chaleur *des animaux.* — La ligne *de l'équinoxe**. — La peine *de la tête.* — Une musique *d'instruments.* — La houlette *du pasteur.* — L'anneau *de l'évêque**. — Les avertissements *de Dieu.* — Une pompe *de théâtre.*

Exercice de formation 325.

La dictée faite, l'élève remplacera l'adjectif par la préposition *de* suivie d'un substantif.

La bonté *paternelle.* — L'amour *maternel.* — La tendresse *fraternelle.* — Le domicile *conjugal.* — La colère *céleste.* — La chaleur *animale.* — Un sol *crayeux.* — Une teinte *conventionnelle.* — Le pain *quotidien**. — Une foire *mensuelle* *.

Exercice de formation 326.

Formez un adjectif avec chacun des noms suivants. *Ecrivez* . Du substantif *envie* on forme *envieux.*

Envie.	Mont.	Argile.	Labeur.
Terre.	Joie.	Craie.	Année.
Ciel.	Plainte.	Poudre.	Main.
Mer.	Sable.	Son (bruit) *.	Orgueil.

Exercice de formation 327.

Formez un substantif de chacun des adjectifs suivants. *Ecrivez* : De l'adjectif *honnête* on forme *honnêteté.*

Honnête.	Limpide.	Pauvre.	Sonore.
Poli.	Aveugle.	Méchant.	Blanc.
Bavard.	Sourd.	Docile.	Noir.
Obéissant.	Ivre.	Vagabond.	Habile.
Humide.	Gentil.	Amer.	Franc.

Exercice de formation 328.

Formez un adjectif avec chacun des mots suivants. *Ecrivez : Légèreté* vient de *léger.*

Légèreté.	Régularité.	Bénignité.	Brièveté.
Netteté.	Blancheur.	Malignité.	Douceur.
Familiarité.	Franchise.	Longueur.	Fausseté.
Grossièreté.	Fraîcheur.	Contiguïté.	Rousseur.

Exercice de formation 329.

Avec chacun des mots suivants formez un verbe que vous conjuguerez au présent de l'indicatif.

Ecrivez : Copie, je copie, tu copies, il copie, nous copions, vous copiez, ils copient.

Copie.	Pourriture.	Trou.
Pli.	Accent.	Aplatissement.
Prière.	Diminution.	Pari.

Confiance. Châtiment. Soutirage.
Réunion. Valeur. Rétribution.
Guérison. Enrouement. Clou.

Exercice de formation 330.

Ecrivez : Façonner vient de *façon* qui se termine par un *n.*

Façonner. Profondeur. Affronter.
Blondin. Joncher. Nauséabonde.
Plombier. Monter. Bonnement.
Longueur. Vagabondage. Charbonner.
Promptitude. Rondeur. Gantier.
Fécondité. Bondir. Echelonner.

Exercice de formation 331.

Ecrivez : Direction vient de *direct.*

Direction. Mousqueterie. Pâtisserie.
Boucherie. Arrêter. Empaqueter.
Progresser. Respectable. Infection.
Crocheter. Bergerie. Gaucherie.
Apprêter. Accessible*. Vachère.
Circonspection*. Jarretière. Forestier.
Boulangerie. Prêteur. Bouquetière.
Excessif. Objection*. Caquetage.

Exercice de formation 332.

Avec chacun des mots suivants formez un verbe en *ire* ou *ir. Ecrivez :* De *fin* on forme *finir,* 2e conjugaison.

Fin. Epais. Sale.
Ecrit. Obscur. Proscription*.
Fuite. Ris. Service.
Produit. Circonscription. Vieux.
Bruit. Friture. Bénédiction.
Conduite. Rôt. Prédiction.
Rouge. Discours. Conversion.
Enduit. Mou.

Exercice de formation 333.

Ecrivez les contraires des verbes suivants. *Ecrivez* : Le contraire de *haïr* est *aimer.*

Haïr. Vivre. S'arrêter.
Encourager. Rire. Accorder.
Oublier. Monter. Salir.
Mépriser. Dormir. Emprunter.
Donner. Jeûner. Eviter.
Enrichir. Ouvrir. Blâmer.
Arriver. Entrer. Punir.
Vendre. Commander. Jouer.

Exercice théorique 334.

Répondez, à l'aide de la Grammaire, aux questions suivantes :

Combien y a-t-il de temps principaux dans le verbe?
Qu'est-ce que l'infinitif?
Qu'est-ce que le participe?
Quels sont les deux principaux verbes auxiliaires?
Qu'appelle-t-on attribut?
Exposez les règles d'accord de l'attribut; donnez un exemple de chacune.

Comment peut-on distinguer les troisièmes personnes du singulier du passé défini, et de l'imparfait du subjonctif dans la première conjugaison? Donnez des exemples.

DU PARTICIPE.

PARTICIPE PRÉSENT.

Exercice 335.

Règle 221. — Remplacez les mots en italiques par un participe présent. *Ecrivez :* Les loups *hurlant* de faim.

Les loups *qui hurlent* de faim. — Les moutons *qui broutent* l'herbe. — Les paysans *qui pêchent* des grenouilles. — Les moissonneurs *qui fauchent* le blé. — Les chasseurs *qui poursuivent* le cerf. — Les maréchaux *qui ferrent* les chevaux. — Les chiens *qui aboient* après les mendiants. — Les bûcherons *qui abattent* les chênes*. — Les oiseaux *qui voltigent* dans les airs. — Les pierres *qui tombent* du ciel. — Les prêtres *qui implorent* Dieu. — Les jardinières *qui vendent* des légumes. — Les charpentiers *qui scient* les poutres. — Les ménagères *qui puisent* de l'eau. — Les bergers *qui conduisent* leurs troupeaux.

Exercice 336.

Mettez au pluriel et remplacez l'indicatif par le participe présent. *Ecrivez : Le boulanger pétrissant* le pain.

Le boulanger qui pétrit le pain. — *Le cultivateur qui laboure son* champ. — *Le vaisseau qui traverse* l'Océan*. — *Le volcan* qui vomit* des flammes. — *Le torrent qui se précipite* des rochers. — *Le fleuve qui roule ses* ondes limoneuses. — *L'étoile qui brille* au firmament. — *La mère qui chérit ses* enfants. — *La route qui conduit* à la ville. — *Le vent qui souffle* à travers la montagne. — *Le renne* qui gratte* la neige.

— *L'aigle qui fixe* le soleil. — *Le cerisier qui mûrit* de bonne heure. — *La fontaine qui tarit** en été. — *Le lézard qui se chauffe* au soleil.

Exercice lexicologique 337.

Répondez, au moyen du Lexique, aux questions suivantes :

Citez des homonymes de : fonts, chêne, renne.

Qu'est-ce que : la circonspection, une prescription, l'Océan, un volcan, un renne, les fonts baptismaux?

Que signifie l'adjectif accessible?

Expliquez sur un exemple la signification du verbe *tarir*.

PARTICIPE PASSÉ SANS AUXILIAIRE.

Exercice 338.

Règle 223. — A la suite de chaque nom, écrivez, en le faisant accorder, le participe passé placé en tête de la ligne.

Entonné : un *Te Deum*, une hymne, les chœurs*, les cantates.
Appauvri : un sang, une terre, des cantons, des campagnes.
Dû : le salaire, la récompense, les égards, les obligations.
Répandu : du lait, de l'huile, des liquides, des liqueurs.

Même exercice 339.

Cassé : le vase, l'assiette, les œufs, les glaces.
Averti : l'écolier, la jeune fille, les valets, les servantes.
Déçu : l'espoir, l'espérance, ses calculs, ses illusions.
Cousu : un habit, une robe, des souliers, des chaussures.

Même exercice 340.

Fêté : une naissance, des anniversaires, le retour, les victoires.
Pétri : la pâte, les galettes, les gâteaux, le pain*.
Perçu : les sommes, l'argent, la contribution, les impôts.
Mordu : les brebis, le bélier, les vaches, les agneaux.

Même exercice 341.

Créé : le monde, les plantes, les poissons, la baleine.
Béni : le buis, la locomotive, les vaisseaux, les médailles.
Abattu : les murailles, le hêtre, la maison, les arbres.
Appris : la leçon, le discours, les vers*, les sentences.

Exercice 342.

LA GUERRE.

Faites accorder les participes entre parenthèses.

Que de maux la guerre ne traîne-t-elle pas à sa suite! Qu'on se figure les champs (*ravagé*), des moissons (*foulé*) sous les pieds des chevaux, des arbres (*abattu*), des routes (*défoncé*) et (*interrompu*) par de profondes tranchées*, des ponts (*détruit*) par la mine*, des fermes (*pillé*), les basses-cours (*dépeuplé*), les paysans (*expulsé*) de leurs chaumières et (*contraint*) de s'aller cacher dans les bois; des villages entiers (*démoli*) par l'artillerie*, des maisons (*incendié*) çà et là; les vivres (*enlevé*) aux pauvres habitants des campagnes; leurs fils (*emmené*) comme otages; des ambulances* (*improvisé*) de toutes parts; là de malheureux soldats (*couché*) sur la paille, (*entassé*) les uns sur les autres, (*mutilé*) par la mitraille*, (*dévoré*) par la fièvre et poussant des cris plaintifs.

Même exercice 343.

Sur les champs de bataille, autres lugubres horreurs : des hommes (*tué*) sur le coup par un obus*, d'autres qui ont un bras ou une jambe (*cassé*) par une balle, d'autres encore râlant dans l'agonie, les flancs (*percé*) par la baïonnette ou la tête (*fendu*) par le sabre. Des chevaux (*couché*) sur le sol et se débattant avec la mort, tandis qu'un sang abondant s'échappe de leurs blessures. Ce n'est encore là qu'une faible esquisse de toutes les calamités (*dû*) à cet épouvantable fléau (*déchaîné*) volontairement par les hommes, et qu'on appelle *la guerre!*

PARTICIPE PASSÉ CONJUGUÉ AVEC ÊTRE.

Exercice 344.

Règle 224. — Faites accorder le participe passé avec le sujet du verbe.

La vigne sera (*taillé*).
Les chevaux furent (*dételé*).
Les vaches étaient (*abreuvé*).
Les bestiaux seront (*abreuvé*).
Les ornières seraient (*creusé*).
Les chemins ont été (*défoncé*).
Les futaies* avaient été (*abattu*).
Ma fille, tu es (*fatigué*).
Mes enfants, vous serez (*puni*).
Les arbres sont (*élagué*)*.

Les haies eussent été (*tondu*).
Les petits chats ont été (*étouffé*).
Les hirondelles sont (*revenu*).
Les beaux jours sont (*passé*).
La maison fut (*incendié*).
Les femmes accusées furent (*condamné*).

Exercice 345.

La paix aura été (*conclu*).
Les cornichons sont (*confit*)*.
Les manches de la robe avaient été (*cousu*).
Les institutrices étaient (*craint*).
Sa parole était (*cru*).
Des lettres auront été (*écrit*).
Les enfants seront (*exclu*).
Des démarches furent (*fait*).
Les poissons étaient (*frit*).
Ces journaux sont beaucoup (*lu*).
Les méchants sont (*maudit*).
Elle était (*mis*) décemment.
La farine est déjà (*moulu*).
Les deux Corneille* sont (*né*) à Rouen*.
Ces tableaux sont (*peint*) sur toile.
Ils sont (*suivi*) du reste des convives.

Exercice 346.

Règle 224. — Faites accorder le participe avec le sujet.

Par ordre de Sully* des ormes furent (*planté*) le long de nos routes et les mûriers* furent (*introduit*) dans le midi* de la France. — Les Tuileries ont été (*bâti*) par Catherine de Médicis*. — Beaucoup de nos grandes routes ont été (*exécuté*) sous le règne de Louis XVI. — Une loi veut que les arbres soient (*échenillé*) tous les ans. — La pêche du poisson est (*interdit*) pendant le temps du frai*. — Quand la belle saison sera (*venu*), nos habits d'hiver seront (*délaissé*) et (*serré*) dans l'armoire jusqu'à l'hiver prochain. — Il fit si froid pendant l'hiver de 1789 que toutes les rivières étaient (*gelé*) et qu'elles pouvaient être (*traversé*) impunément à pied.

Même exercice 347.

La chair* des animaux trop jeunes est moins (*estimé*) que celle des animaux qui sont un peu plus (*avancé*) en âge. — Les escargots sont (*recherché*) dans les vignes de la Bourgogne* et (*expédié*) à Paris, où ils sont (*servi*) sur les tables les plus riches. — Quand les olives* sont (*pressé*) à froid elles donnent une huile qui est (*désigné*) sous le nom d'huile verte;

quand elles sont (*pressé*) à chaud elles donnent l'huile d'olive ordinaire, qui est (*vendu*) un peu moins cher. — Dès que la vendange sera (*achevé*), les raisins seront (*conduit*) au pressoir. — Les menteurs ne seraient jamais (*cru*), même quand ils diraient la vérité.

Exercice 348.

LA FÉCULE.

Règles 223 et 224. — Faites accorder les participes suivant la règle.

La fécule, dont les usages sont aujourd'hui si (*multiplié*), nous serait au besoin (*fourni*) par une foule de plantes. Personne n'ignore qu'elle est (*contenu*) en grande quantité dans le gland du chêne, la châtaigne, le marron d'Inde, les oignons et bien d'autres plantes. Mais c'est des pommes de terre qu'elle est le plus ordinairement (*extrait*). A cet effet, ces tubercules sont d'abord (*débourbé*) et (*lavé*) dans un cylindre tournant (*plongé*) dans l'eau. Par le frottement qu'elles y subissent, les pommes de terre sont (*débarrassé*) de la terre dont elles étaient (*sali*).

Même exercice 349.

Cette première opération (*fait*), elles sont (*conduit*) dans une caisse où, au moyen de lames tranchantes (*adapté*) à la surface extérieure d'un autre cylindre tournant, elles sont (*réduit*) en une sorte de pulpe ou bouillie qu'il ne s'agit plus que de débarrasser des matières étrangères. Pour cela cette pulpe est (*promené*) sur des tamis qui sont continuellement (*arrosé*) par un filet d'eau. Pendant ce trajet, la fécule est (*entraîné*) par l'eau dans un bassin particulier, tandis que la pulpe est (*poussé*) par des raclettes jusqu'à un déversoir par lequel elle est (*éliminé*)*. La fécule est ensuite (*séché*) dans une étuve* et (*mis*) en sac pour être (*livré*) au commerce.

PARTICIPE PASSÉ CONJUGUÉ AVEC AVOIR.

Exercice 350.

Règle 225. — Rendez compte de l'orthographe des participes passés conjugués avec avoir.

Ecrivez : Les noix que nous avons *ramassées ; ramassées* est au féminin pluriel, parce que le complément direct *que*, représentant *noix*, est avant.

Les noix que nous avons *ramassées*. — Tes livres, je les ai *lus*. — Nous avons *porté* des légumes au marché. — Les jeunes filles ont *tressé* une couronne. — Les mauvais champignons ont *empoisonné* bien des gens. — Voyez les épaves* que la mer a *jetées* sur la côte. — Avez-vous *ven-*

dangé vos vignes? — Lyon* et Rome* sont deux villes que nous avons *visitées*. — Nous avons *transporté* notre bibliothèque à la campagne. — La fièvre qu'elle a *eue* l'a beaucoup *fatiguée*. — Que de lingots* d'or les Espagnols n'ont-ils pas *apportés* d'Amérique! — Les jardiniers ont *vendu* tous les artichauts qu'ils avaient *apportés* au marché. — Les chasseurs ont *tué* quinze pièces de gibier. — Après avoir *sarclé* ces pommes de terre ils les ont *buttées*. — La caravane a *traversé* les sables du Sahara*.

Exercice 351.

Ecrivez correctement les participes et expliquez l'accord.

Les perdrix que l'on nous a (*vendu*) étaient très-grasses. — Je connais les champs que tu as (*labouré*) cette semaine. — Voici la haie que mon père a (*planté*) dernièrement. — Goûtez l'huile que nous avons (*acheté*) à Aix. — J'admire les pruneaux qu'on lui a (*expédié*) de Tours. — On ne visite point sans charme les terres que l'on a soi-même (*défriché*) et (*rendu*) productives. — Il y a dans ce livre une faute d'impression que j'ai (*aperçu*) aussitôt. — Vous constaterez avec plaisir les sérieuses améliorations que nous avons (*réalisé*) dans notre culture. — Vous verrez la belle source que mon frère a (*trouvé*) dans son jardin. — Les monuments que le moyen âge a (*élevé*) se distinguent autant par leur hardiesse que par leurs belles proportions.

Exercice 352.

Ecrivez correctement les participes et expliquez l'accord.

La ville dont tu me parles, il y a longtemps que je l'ai (*visité*). — Ces coquillages dont vous admirez la beauté, je les ai (*rapporté*) des bords de l'Océan*. — S'il y a (*eu*) une éclipse de lune, je ne l'ai pas (*vu*). — Quoique la forêt soit très-sombre, je l'ai (*traversé*) sans crainte pendant la nuit. — Dès que les ouvrages d'Augustin Thierry ont été entre mes mains, je les ai (*lu*) avec délices. — Toute la fougère mâle qui était dans cette forêt, on l'a (*arraché*) pour en composer un médicament contre les vers intestinaux. — Les punaises pullulent dans cette alcôve; mais on les a (*tué*) au moyen d'une poudre insecticide. — Nous n'avons plus rien à craindre des deux renards qui dévastaient notre basse-cour: on les a (*enfumé*) dans leurs tanières. — La vache ne donnant plus de lait, on l'a (*engraissé*) pour la vendre au boucher. — Comme cette mare répandait des odeurs infectes, son propriétaire l'a (*desséché*) complétement.

Exercice 353.

Ecrivez correctement les participes et expliquez l'accord.

Ma fille, puisque je t'ai (*averti*) d'avoir à te lever matin, j'espère que tu te conformeras à mon désir. — Nous avons été témoins à la foire d'un spectacle qui nous a (*diverti*) beaucoup. — Quoiqu'on m'ait (*invité*), m'écrit ma mère, d'aller à la campagne, je ne m'y rendrai point. — Mes amis, puisque la patrie vous a (*appelé*) pour la défendre, il vous faudra voler à son secours. — Nous cultiverons la vigne en cordons, comme tout le monde nous y a (*engagé*). — Ma fille, je t'ai (*prévenu*) que je te donnerais une bonne éducation.

Exercice 354.

Ecrivez correctement les participes et expliquez l'accord.

Quelle différence n'avons-nous pas (*remarqué*) entre les procédés de culture (*employé*) en Italie et ceux dont on fait usage en France! — Que de gens n'a-t-on pas (*vu*) devenir pauvres pour avoir (*voulu*) être trop tôt riches. — Combien de futailles de vin avez-vous (*récolté*) cette année? — Venez me voir, et vous verrez quelles belles fleurs j'ai (*rapporté*) de la forêt? — Vous vous figureriez difficilement quelle attention j'ai (*mis*) à exécuter tous les ordres que l'on m'a (*donné*). — Combien d'heureuses découvertes les savants n'ont-ils pas (*fait*) dans les deux derniers siècles? — Que de grands talents on a (*méconnu*) du vivant de ceux qui les possédaient. — Quels affreux ravages la peste (*dit*) de Florence n'a-t-elle pas (*occasionné*) en Europe!

Exercice 355.

Ecrivez correctement les participes et expliquez l'accord.

Nous avons (*parcouru*) les belles prairies qu'arrose la Seine. — Des gens complaisants nous ont (*indiqué*) la route que nous devions suivre. — De tout temps on a (*fabriqué*) à Reims d'excellents biscuits. — Peu à peu les habitants de la Gaule ont (*abattu*) les vastes forêts qui couvraient autrefois leur pays. — Bien des fois les volcans de la chaîne des Andes ont (*inquiété*) par leurs éruptions les peuples (*établi*) à leurs pieds. — Parmi les courageux voyageurs qui ont (*exploré*) plusieurs régions encore (*inconnu*) de l'Afrique, on doit citer en première ligne le docteur Livingstone. — Ce sont des savants français qui ont (*créé*) la langue qu'emploie la chimie pour nommer tous les corps. — De tout temps, la plupart des peuples sauvages ont (*couvert*) leur visage, leur poitrine et leurs bras de dessins exécutés sur la peau, et qu'on nomme des tatouages.

Exercice 356.

Bien peu d'hommes ont (*essayé*) avec autant de persévérance que Franklin de parvenir à la perfection. — Grâce au grand vent qui a (*soufflé*), les draps humides que l'on avait (*étendu*) à l'air ont (*séché*) en quelques heures. — Après que les voyageurs ont (*cheminé*) cinq ou six jours au milieu des sables du désert africain, comme ils sont heureux de rencontrer une oasis! — Une île flottante (*nommé*) l'île Julia, qui avait (*surgi*) des flots de la Méditerranée en 1831, n'a pas (*tardé*) à disparaître au bout d'un mois environ. — Quand l'éclair a (*brillé*) à nos yeux, nous n'avons plus rien à craindre du bruit du tonnerre. — Les échos de la vallée ont (*retenti*) tout le jour des fanfares (*animé*) des chasseurs.

Exercice 357.

Faites accorder le participe passé suivant la règle.

Les arbres que le bûcheron a (*abattu*). — Ma mère a (*déménagé*) cette semaine. — Les frères Montgolfier ont (*inventé*) les aérostats*. — Les soldats ont (*nettoyé*) leurs armes. — La corbeille de fruits que je réclamais, me l'as-tu (*apporté*)? — Les enfants ont bien (*dormi*) pendant la nuit. — Les pyrales* ont (*ravagé*) les vignes. — Que de taupinières les taupes ont (*creusé*) dans ce terrain! — Combien de fois les sauterelles n'ont-elles pas (*ravagé*) l'Algérie*! — Avez-vous (*couru*) longtemps pour nous rattraper? — Voilà les restes des maisons que l'incendie a (*dévoré*). — La Loire* a plus d'une fois (*inondé*) les plaines qu'elle arrose. — Bien des voyageurs ont (*escaladé*) les plus hauts pics des Pyrénées*. — Le bruit du tonnerre nous a (*réveillé*) en sursaut. — Messieurs, puisque nous vous avions (*invité*) à dîner, pourquoi n'êtes-vous pas (*venu*)?

Exercice 358.

LA JUMENT VOLÉE.

Une belle jument que possédait un cultivateur lui fut (*volé*) une nuit dans son écurie. S'étant rendu à une foire qui se tenait dans le voisinage pour en acheter une autre, voilà que, parmi les chevaux (*exposé*) en vente, il reconnaît sa jument. L'ayant (*saisi*) aussitôt par la bride, il s'écria : « Cette bête m'appartient; on me l'a (*volé*) il y a trois jours! — Vous vous trompez, l'ami, disaient fort poliment les deux individus qui voulaient vendre la jument : il y a plus d'un an que nous avons (*acheté*) cette bête. »

Même exercice 359.

Alors le paysan ayant (*posé*) bien vite les deux mains sur les yeux de la jument, s'écria : « Puisqu'il y a si longtemps que cette bête vous appartient, vous l'avez sans doute bien (*examiné*) : dites-moi de quel œil elle est borgne. » Les étrangers, qui avaient effectivement (*dérobé*) cette jument et qui ne l'avaient pas encore bien (*regardé*), se troublèrent. Cependant ils répondirent au hasard : « C'est de l'œil gauche. — Vous n'y êtes pas, dit le paysan. — Ah! c'est vrai, s'écrièrent les fripons, nous nous sommes (*trompé*), nous voulions dire de l'œil droit. »

Même exercice 360.

Alors le paysan ayant (*découvert*) les yeux de l'animal : « Actuellement, fit-il, il est (*prouvé*) que cette bête n'est pas à vous, mais que vous l'avez (*volé*)! Regardez, vous autres qui m'entourez, la jument n'est pas borgne. Les questions que j'ai (*adressé*) à ces misérables, je ne les ai (*fait*) que pour les confondre. » Tous les assistants battirent des mains en s' (*écriant*) : « Bravo ! bravo ! » Les voleurs, (*forcé*) de rendre la jument, furent (*arrêté*), (*conduit*) devant la justice et subirent la punition qu'ils avaient (*mérité*).

Exercice 361.

LES CHÊNES ET LES SAULES.

A la suite d'un épouvantable orage un cultivateur, (*accompagné*) de son fils, alla faire un tour dans son domaine pour reconnaître les dégâts que la tempête y avait (*occasionné*). Le père et l'enfant constatèrent, le cœur (*navré*), que la violence du vent avait (*couché*) contre terre les tiges du blé, (*renversé*) ou (*brisé*) les échalas qui soutenaient les pieds de vignes et (*détaché*) des arbres, avant leur maturité, la plupart des fruits. Là ne se bornait point le désastre. Les poires et les pommes que le vent avait (*épargné*), la grêle les avait (*meurtri*), en même temps qu'elle avait, pour ainsi dire (*haché*) les feuilles des betteraves et les fanes des pommes de terre.

Même exercice 362.

Ils étaient depuis quelques instants comme (*absorbé*) dans la contemplation de ce triste spectacle, quand la surprise vint en arracher l'enfant. « Regardez donc, mon père, s'écria-t-il tout à coup; ces chênes qui là-bas indiquent la limite de vos champs et qui paraissaient si forts, le vent les a (*jeté*) par terre, tandis que ces faibles saules sont (*resté*) debout le long du ruisseau. Ma faible intelligence se serait (*attendu*) à tout autre chose. J'aurais (*cru*), moi, que l'ouragan aurait (*ren-*

versé) les saules et (*respecté*) les chênes. — Mon fils, répliqua le père, les chênes orgueilleux qui ont (*refusé*) de ployer, devaient nécessairement être (*brisé*), tandis que les saules qui ont (*cédé*) à la colère de la tempête se sont (*dérobé*) en s'inclinant à la ruine dont ils étaient (*menacé*). »

Les chênes ne sont-ils pas l'image de l'entêtement, les saules ne nous représentent-ils point la déférence?

Exercice 363.

L'ARAIGNÉE.

Un bon villageois possédait une vigne qui faisait le bonheur de sa vie. Quand il l'avait (*béché*), (*taillé*) et (*purgé*) de toutes les mauvaises herbes, il n'avait pas de plus grand plaisir que de la visiter de temps en temps pour constater les progrès que la végétation avait (*fait*). Un jour qu'il la parcourait avec son fils, il vit tout à coup celui-ci s'écarter de quelques pas pour aller délivrer une abeille qu'il avait (*aperçu*) au milieu d'une toile d'araignée (*tendu*) sur le devant d'un cep. Le premier soin du jeune Antoine fut de donner la volée à l'industrieux insecte. Quant à la toile, il ne s'en éloigna pas avant qu'il ne l'eût complétement (*détruit*).

Même exercice 364.

Le père avait (*suivi*) toute l'action avec intérêt. « Quels sont donc, dit-il à son fils, les motifs qui t'ont (*déterminé*) à agir de la sorte? — C'est, répondit Antoine, que l'abeille doit être (*protégé*) en toute circonstance, parce qu'elle nous donne son miel; mais l'araignée nous étant plus nuisible qu'utile, nous ne sommes pas répréhensibles en lui rendant le mal qu'elle nous (*fait*).— Mais, objecta le père, la toile que l'araignée a (*tissé*) ne met-elle pas les grappes de raisin à l'abri des attaques auxquelles elles sont (*exposé*) de la part des guêpes et des autres insectes?— Ce n'est pas, dit le jeune homme, pour protéger le raisin que l'araignée a (*filé*) sa toile avec tant d'art, elle a seulement (*obéi*) à son cruel instinct.

Même exercice 365.

« Rien ne lui coûte pour apaiser cette soif du sang dont elle est (*dévoré*). Même au moment où elle l'a (*étanché*), elle médite de nouveaux méfaits, pensant qu'elle la sentira bientôt renaître. Ainsi quand elle fait le bien, c'est sans le vouloir, et elle n'acquiert par là aucun mérite. » Le père remercia Dieu intérieurement de la sagacité qu'il avait (*accordé*) à son fils, et il ajouta : « Adorons, mon cher enfant, la sagesse infinie de la Providence qui a (*su*) tirer parti même de ce qui est mauvais et nuisible pour conserver les choses bonnes et utiles. »

LETTRE FINALE DU PARTICIPE.

Exercice 366.

Règles 227 et 228. — Ecrivez les participes des verbes suivants et dites pourquoi chacun de ces participes se termine par *é*, *i*, *u*, *s* ou *t*.

Battre.	Bouillir.	Cueillir.	Teindre.
Peindre.	Croire.	Découvrir.	Suivre.
Asseoir.	Confire.	Connaître.	Rire.
Acquérir.	Dissoudre.	Mentir.	Partir.
Fournir.	Ecrire.	Faire.	Ceindre.

Même exercice 367.

Conclure.	Apercevoir.	Envoyer.	Plaindre.
Cuire.	Offrir.	Eteindre.	Pleuvoir.
Aller.	Confondre.	Plaire.	Vêtir.
Pire.	Permettre.	Sentir.	Vouloir.
Finir.	Mourir.	Sortir.	Construire.

PARTICIPE EN É ET INFINITIF EN ER.

Exercice 368.

Règles 229 et 230. — Ecrivez le verbe soit au participe, soit à l'infinitif et expliquez l'emploi de ces deux modes.

Il a *gel* ... si fort en 1709, que l'on entendait un homme *march* ... à une distance de deux lieues. — On ne doit pas se *baign* ... dans l'eau froide quand on a *mang* ... peu de temps auparavant. — Le cultivateur a *défrich* ... sa luzerne. — Nous pouvons *espér* ... une bonne récolte, parce que nous avons bien *fum* ... nos champs. — Qui veut *voyag* ... loin ménage sa monture. — Le jardinier a *arrach* ... les mauvaises herbes qui étouffaient ses oignons. — Accomplissons tous nos devoirs sans *balanc* ... — Il faut *laiss* ... *séch* ... le foin et le *rentr* ... dans les greniers. — Je veux *employ* ... mes moments de loisir à *étudi* ... l'histoire. — Cet enfant a *commenc* ... à *march* ... seul; il va *parl* ... bientôt.

Même exercice 369.

Notre-Seigneur Jésus-Christ nous a *recommand* ... de nous *aim* ... les uns les autres. — Quiconque a bien *travaill* ... a le droit de se *repos* ... — La fourmi laborieuse disait : « Ni mon grenier ni mon armoire ne se remplit à *babill* ... » — Ce cheval a *assist* ... sans *bronch* ... à la bataille... — Il ne faut pas se servir de vases en cuivre sans les *nettoy* ... — Heureusement il a *cess* ... de *neig* ... — Il est *arriv* ... un grand malheur. — Dès le dix-huitième siècle on avait *essay* ... de faire *march* ... des bateaux par la vapeur. — Nous avons vu *brill* ... l'éclair et entendu *grond* ... la foudre. — Il avait *install* ... un paratonnerre sur sa maison.

Même exercice 370.

Il a acquis une petite aisance à force de *travaill* ... — Mon jardin est trop sec, il faudra que je me mette à l'*arros* ... — Une fois le fourrage *fauch* ... et *séch* ..., il faudra le *bottel* ... et le *rentr* ... — Ayez *achev* ... votre besogne avant de vous *couch* ... — On n'a *rencontr*... qu'un petit nombre d'hommes sachant *support* ... l'adversité. — On a *réprimand* ... cet enfant, parce qu'il avait *injuri* ... ces personnes. — Il s'est *gliss* ... plusieurs erreurs dans ce calcul. — Pour *blâm* ... les autres, il faut *commenc* ... par être soi-même à l'abri de tout reproche. — On vient de *creus* ... un canal qui fait *communiqu* ... la mer Rouge avec la Méditerranée. — Si l'on avait *perc* ... l'isthme de Panama, on ne serait plus *oblig* ... de *contourn* ... l'Amérique méridionale pour se rendre dans l'océan Pacifique.

Exercice théorique 371.

Répondez, à l'aide de la Grammaire, aux questions suivantes :

Dans quels cas *vingt* et *cent* prennent-ils la marque du pluriel, et dans quels cas ne la prennent-ils pas?

Quelles sont les différentes manières d'orthographier le mot *mille* et donnez des exemples?

Donnez trois exemples du participe passé employé sans auxiliaire et tirez-en la règle d'accord.

Donnez deux exemples du participe passé conjugué avec *être*, et tirez-en la règle d'accord.

Donnez trois exemples du participe passé conjugué avec *avoir*, et tirez-en la règle.

Exercice lexicologique 372.

Répondez, au moyen du Lexique, aux questions suivantes :

Citez les homonymes de : chœur, vers, pain, frai, chair.

Qu'est-ce que : une tranchée, une mine, l'artillerie, un otage, une ambulance, la mitraille, une futaie, un mûrier, une olive?

Qu'est-ce que : une étuve, un lingot, un aérostat, la pyrale?

Quel est le sens des verbes : élaguer, confire, éliminer?

Quelles sont les différentes acceptions du mot midi?

Quel est le genre du mot *obus?* Expliquez ce qu'est cet objet.

Qu'étaient-ce que : Corneille, Sully, Catherine de Médicis?

Qu'est-ce que : la Loire, les Pyrénées, la Bourgogne, le Sahara, l'Algérie, Lyon, Rome?

DE LA PRÉPOSITION.

Exercice 373.

Règles 231-234. — L'élève indiquera les prépositions. *Ecrivez :* Un couvert en (*prép.*) étain.

Un couvert en étain. — Le nid de l'hirondelle. — Il cause avec son voisin. — Un pupitre d'acajou. — Pompéia fut engloutie par une éruption du Vésuve*. — Le soldat avait son fusil à côté de lui. — Je pars pour Lyon*. — Les feuilles pousseront après l'hiver. — Il habite à la campagne. — Notre-Seigneur Jésus-Christ naquit de parents pauvres, dans une étable. — Nous nagions contre le courant. — Socrate* vivait avant notre ère*. — L'aiguille aimantée se dirige vers le nord*. — Il descendit de la montagne. — Il a gelé pendant la nuit. — Il s'est mis en route malgré la pluie. — Ne mettez pas un chandelier sous un boisseau. — N'attisez pas le feu avec une épée. — J'ai vu une statue en marbre de Carrare*. — Duguesclin* fut libre moyennant dix mille écus*.

Exercice 374.

Règle 235. — Copiez les phrases suivantes et choisissez entre *à* préposition et *a* verbe. *Ecrivez :* Il *a* (verbe) un beau livre.

Il (*à*, *a*) un beau livre. — Nous dînons (*à*, *a*) six heures. — Il (*à*, *a*) longtemps habité (*à*, *a*) la campagne. — J'achète une machine (*à*, *a*) vapeur. — J'ai loué (*à*, *a*) mon cousin le champ que ton ami m'(*à*, *a*) vendu. — Il y (*à*, *a*) du plaisir (*à*, *a*) faire le bien. — On (*à*, *a*) examiné ton devoir. — Tu arrives (*à*, *a*) propos. — Le charretier (*à*, *a*) conduit les chevaux (*à*, *a*) la rivière. — Le garde-champêtre (*à*, *a*) tué un chien enragé. — L'orage qui (*à*, *a*) éclaté (*à*, *a*) midi (*à*, *a*) causé de grands dégâts. — On (*à*, *a*) dit qu'(*à*, *a*) l'œuvre on connaît l'artisan. — Dieu (*à*, *a*) donné (*à*, *a*) l'homme une âme immortelle. — L'eau qu'on (*à, a*) puisée (*à, a*) la rivière était presque tiède. — (*à, a*) entendre parler cet enfant, vous le croiriez très-sage.

Règle. — On sous-entend souvent la préposition *pendant* devant les compléments indirects exprimant le temps, et la préposition *pour* devant les compléments indirects exprimant le prix d'un objet.

Ex. : On travaille *le jour* et on dort *la nuit*, c'est-à-dire on travaille *pendant* le jour et on dort *pendant* la nuit.

Elle a acheté cette robe *vingt francs*, c'est-à-dire : elle a acheté cette robe *pour* vingt francs.

Exercice 375.

Cherchez le complément indirect en rétablissant la préposition sous-entendue devant les mots en italiques.

Boileau a dit, en parlant des rois fainéants : Aucun soin n'approchait de leur paisible cour : on reposait *la nuit*, on dormait *tout le jour*. — *L'année prochaine*, nous irons visiter les volcans éteints de l'Auvergne. — Nous reçûmes de Marseille, *le mois dernier*, un baril d'huile d'olive. — Le cultivateur sème son blé *cette semaine*. — La cuisinière a payé *six francs* le poulet qu'elle a rapporté du marché. — Le maquignon a vendu ce cheval *quarante-cinq pistoles**. — Nous avons acheté *trente écus* ce meuble antique.

Même exercice 376.

Un cordonnier ne dormait jamais, dans la crainte d'être volé : *la nuit*, si quelque chat faisait du bruit, le chat prenait l'argent. — *Le jour* où Turenne* remporta son premier prix au collége, il se sentit plus joyeux que *le jour* où il gagna sa première bataille. — *L'hiver*, le cultivateur ne reste pas oisif : il bat et nettoie ses grains, et épluche les légumes secs. — *Cet été*, vous prendrez un bain froid *toutes les semaines*.

DE L'ADVERBE.

Exercice 377.

Règle 237. — Remplacez par un adverbe en *ment* la préposition *avec* et le nom qui la suit. *Ecrivez :* Tu dessines *habilement*.

Tu dessines *avec habileté*. — Il danse *avec légèreté*. — Michel de L'Hôpital* se conduisait *avec sagesse*. — La jeune fille répond *avec douceur*. — Il s'exprime *avec netteté*. — Cet enfant aime ses parents *avec tendresse*. — Turenne* s'entretenait *avec familiarité* avec tout le monde. — Ne répondez jamais *avec grossièreté.* — Dites votre opinion *avec franchise.* Quand vous avez à demander quelque chose, faites-le *discrétion.* — La maison a été réparée *à l'extérieur.*

Même exercice 378.

Il ne faut pas causer du prochain *avec malignité.* — Il a reçu ses hôtes *avec magnificence.* — Elle s'est inclinée *avec humilité.* — Travaillez *avec constance.* — Il a eu tort de répondre *avec sécheresse.* — Les soldats se sont conduits *avec intrépidité.* — Ne vous avancez qu'*avec prudence.* — On ne doit pas traiter *avec dureté* ses inférieurs. — Il vivait *dans l'obscurité* à la campagne. — Il se glissait *avec mystère* le long des murailles. — Il a plu *avec abondance.*

Exercice 379.

Règle 238. — Indiquez la nature de chaque adverbe. *Ecrivez :* Il part *aujourd'hui* (aujourd'hui, adverbe de temps).

Il part *aujourd'hui.* — Il se rendra *premièrement* à Paris et *ensuite* à Lyon*. — Il y avait *autrefois* des douanes* d'une province à l'autre de la France. — C'est *ici* que nous demeurons. — C'est *là* que nous allons. — Voici les lieux *où* se passa mon enfance. — Il *ne* faut *point* lire *trop* vite. — Elle chante *agréablement.* — Qu'il aille débiter ses mensonges *ailleurs.* — Quiconque a *beaucoup* lu peut avoir *beaucoup* retenu. — *Assurément* vous avez tort. — J'aimerai *toujours* ma patrie. — Hippocrate* dit *oui*, et Galien* dit *non.* — *Ne* remettez pas à *demain* ce que pouvez faire *aujourd'hui.*

Exercice 380.

Règle 240. — Remplacez les points par *là* adverbe ou par *la* soit article, soit pronom.

Ecrivez : Les botanistes visitent souvent les marais; c'est *là* (adverbe) qu'on trouve les plus belles plantes.

Les botanistes* visitent souvent les marais; c'est ... qu'on trouve les plus belles plantes. — Dès que vous saurez votre leçon, vous me ... réciterez. — ... géographie est .. science qui s'occupe de ... description de ... terre. — ... Nouvelle-Hollande* est riche en mines* d'or; c'est de ... que les Européens tirent une notable partie de ce métal précieux. — ... où croît l'hièble*, ... la terre est toujours excellente. — Quand nous serons arrivés sur le bord de ... rivière, nous ... traverserons à ... nage. — Le plateau du grand bassin, dans l'Amérique septentrionale, est une région physique des plus extraordinaires : il y a ... une foule de fleuves qui ne se rendent dans aucune mer, mais qui versent leurs eaux dans des lacs. On voit ... de vastes plaines recouvertes d'une couche de sel*.

Même exercice 381.

Quand ... luzerne est fauchée, il reste à ... faire sécher, à ... mettre en bottes, et à ... rentrer dans les greniers. — ... profondeur de ... mer du Nord* n'est pas très-considérable : on trouve çà et ... dans cette mer des bas-fonds* très-dangereux pour ... navigation. — Les chamois*, qui vivaient autrefois dans toutes les parties de ... France, sont aujourd'hui confinés sur les cimes* les plus escarpées des Alpes* : c'est ... que les chasseurs sont obligés d'aller les chercher. — ... tourbe se forme au fond de certains marais par ... décomposition lente des végétaux qui croissent d'ordinaire dans ces lieux.

Exercice 382.

Règle 246. — Remplacez les points par *où* adverbe, ou par *ou* conjonction. *Ecrivez :* Le bœuf *ou* (conjonction) le cheval s'attelle à la charrue.

Le bœuf ... le cheval s'attelle à la charrue. — Dans les terrains où domine le calcaire*, on voit pousser l'arrête-bœuf ... la germandrée petit-chêne, les chardons, la gaude ... le coquelicot. — Les principales monnaies des peuples civilisés sont en or ... en argent : dans les contrées ... la civilisation a fait moins de progrès, on trouve quelquefois des graines, des coquillages ... certaines denrées qui tiennent lieu de ces métaux. — L'huile d'œillette ... celle de faîne est très-employée dans les pays septentrionaux; mais, sur les bords de la Méditerranée, ... croît l'olivier, on ne se sert que d'huile d'olive. — Les Suisses ont élevé un monument à l'endroit ..., suivant la tradition, Guillaume Tell, avec son arbalète, abattit une pomme placée sur la tête de son fils.

Même exercice 383.

On assure que la Baume*-Noire est la grotte ... Eponine et Sabinus* vécurent pendant neuf ans, cachés à tous les regards. — On appelle confluent le point ... une rivière se jette dans une autre rivière ... dans un fleuve. — On appelle promontoire ... cap une pointe de terre qui s'avance dans la mer. — On a donné le nom de Calvados à des rochers ... périt un vaisseau espagnol qui s'appelait *le Salvador*. — L'Yonne se jette dans la Seine à Montereau, ... se livra une grande bataille en 1814.

Exercice lexicologique 384.

Répondez, au moyen du Lexique, aux questions suivantes :

Citez les homonymes de *ère* et de *sel*.

Qu'est-ce que : une ère, une pistole, la douane, un botaniste, l'hièble, le sel marin, un chamois, un bas-fond, une cime, du calcaire?

Quelles sont les différentes significations du mot *nord?*
Quelles sont les trois significations du mot *écu?*
Où sont situés : Carrare, la Hollande, la mer du Nord, la mer Méditerranée, les Alpes, Montereau, le mont Vésuve?
Qu'étaient-ce que : Socrate, Hippocrate, Galien, Sabinus et Eponine, Duguesclin, Michel de L'Hôpital, Turenne?

Exercice théorique 385.

Répondez, à l'aide de la Grammaire, aux questions suivantes :

Quelles sont dans les verbes les terminaisons qui exigent toujours un accent circonflexe?
Comment distingue-t-on les verbes qui finissent par *ire* de ceux qui se terminent par *ir?* Donnez quatre exemples.
Quelles sont les principales sortes d'adverbes; donnez un exemple de chaque sorte?
Indiquez toutes les conjonctions de coordination.
Indiquez les principales conjonctions de subordination.
Qu'appelle-t-on locution prépositive, locution adverbiale et locution conjonctive?

SUJETS DE LETTRES

CONSEILS.

La lettre est une *conversation* entre deux personnes éloignées l'une de l'autre. C'est dire que la lettre doit être écrite *avec simplicité*. On doit s'inspirer de l'objet de la lettre et le développer avec méthode. Si l'on s'adresse à ses parents, à un ami, la seule règle à suivre est de laisser parler le cœur. Si vos sentiments sont sincères, l'expression se présentera d'elle-même sous votre plume.

Les élèves feront bien de donner aux exercices qui suivent la forme d'une lettre véritable, dans laquelle figureront l'en-tête, la signature et l'adresse. (Pour plus de détails, voir notre *Deuxième année de Grammaire*, pages 170 et suivantes.)

UN APPRENTI A SES PARENTS. 386.

Un apprenti écrit à ses parents pour leur rendre compte de ses progrès ; il expose l'emploi de son temps. Il dit quels soins on prend de lui ; comment il emploie ses instants de repos. Demande de linge et de vêtements. Il remercie ses parents des sacrifices qu'ils se sont imposés en vue de son apprentissage.

UN FERMIER A SON PROPRIÉTAIRE. 387.

Un fermier, qui est à fin de bail, écrit à son propriétaire pour demander un renouvellement. Il fait valoir en sa faveur : la propreté avec laquelle la ferme est tenue; le soin qu'il a mis à bien fumer ses terres; l'introduction du drainage*, l'emploi des procédés du marnage* et du chaulage* ; les façons multipliées qu'il donne à ses champs ; ses sarclages* réitérés, la création de prairies artificielles*, l'élève* des bestiaux. Il demande une légère réduction de prix qui lui permettra d'entreprendre de nouvelles améliorations.

UN JEUNE HOMME A SES PARENTS, 388.

Un jeune homme, qui est venu visiter Paris pour la première fois, écrit à ses parents pour leur raconter ce qu'il a vu. Il parle des rues larges et bien alignées, de la hauteur des maisons. Il décrit un square*. Foule qui encombre toujours les rues, les boulevards, les places publiques. Monuments. Comment on vit à Paris, comment on y travaille. L'éclairage public. Heure du lever et du coucher. Il remercie ses parents de lui avoir procuré le plaisir de voir la capitale. Nonobstant, il a hâte de revenir, car il sent que jamais une ville ne lui offrira les douces satisfactions de la vie des champs.

UN MAIRE AU PRÉFET. 389.

Un maire écrit au préfet pour lui raconter un incendie qui a eu lieu dans sa commune. Il lui signale l'acte héroïque d'un pompier qui a risqué sa vie pour sauver successivement trois personnes que les flammes allaient bientôt envelopper. Il se félicite du zèle qu'ont déployé tous les habitants sur les lieux du sinistre. Il demande pour le pompier qui a si bien fait son devoir une récompense éclatante.

UN CULTIVATEUR A SON MARCHAND DE CHEVAUX. 390.

Un cultivateur écrit à un marchand de chevaux pour se plaindre de ce que celui-ci lui a vendu un cheval dont il n'est pas satisfait. Ce cheval a plusieurs défauts ... Il n'est pas aussi fort que son extérieur semblerait l'indiquer. Il se laisse difficilement atteler. Il consomme trop de nourriture. Le cultivateur voudrait que le marchand le lui échangeât contre un plus jeune, et il décrit les qualités que celui-ci devrait posséder.

UN FILS A SA MÈRE POUR LE JOUR DE SA FÊTE. 391.

Un fils écrit à sa mère pour le jour de sa fête : son absence du logis paternel lui est toujours pénible; mais elle l'est surtout en ce jour où il se retrace comment les choses se passaient quand il était à la maison. Il se voit encore un bouquet à la main ... : puis il offrait à sa mère ... Il se rappelle la collation qui terminait la fête et la promenade du lendemain qui avait pour but ... Maintenant qu'il n'est plus là, force lui est de se borner à former des souhaits pour ... ; il tâchera, par sa bonne conduite, de faire en sorte que sa mère supporte son absence avec plus de résignation.

UN OUVRIER JARDINIER A UN MAÎTRE JARDINIER. 392.

Un ouvrier sans travail écrit à un maître jardinier pour lui en demander. Il dira qu'il a bonne envie de travailler, qu'il est robuste et habitué à la fatigue. Il est au courant du jardinage. Il connaît à fond la culture des légumes, peut diriger une serre et soigner un jardin d'agrément. Il a étudié ce qui concerne les arbres fruitiers : ainsi il sait ... Il a suivi longtemps des cours publics sur cette matière, et il a joint la pratique à la théorie. Qu'on prenne des renseignements sur son compte et on n'hésitera pas, pense-t-il, à agréer sa demande.

UN RENTIER A UN DE SES AMIS. 393.

Un rentier engage un de ses amis qui se retire des affaires à venir habiter le même village que lui. Il y a justement à vendre une petite propriété qui lui conviendrait. Description de la propriété ; sa situation ; facilité de communication avec les villes voisines ... ; ressources que l'on trouve dans le village pour la nourriture, l'habillement. On n'y vit pas isolé ... L'air est pur et salubre ... ; jamais de maladies telles que ... Si son ami goûte ce conseil, il n'aura pas à s'en repentir.

UN MÉDECIN A UN CULTIVATEUR DE SES AMIS EN TEMPS D'ÉPIDÉMIE. 394.

Le médecin débute en conseillant à son ami de s'armer de courage. Il lui recommande de veiller à ce que toutes les parties de la ferme soient maintenues dans une extrême propreté : laver souvent les appartements; empêcher le stationnement des eaux croupies dans la cour ; aérer les étables et les écuries ; les nettoyer fréquemment; renouveler les litières. Éloigner les fumiers. Obliger les employés à se laver soigneusement les mains et le visage et à changer de linge ; leur défendre de boire de l'eau pure, surtout quand ils auront chaud ; leur recommander la modération dans le boire et dans le manger ... ; leur défendre de manger des fruits verts. Ne les faire travailler que raisonnablement. Faire usage des désinfectants *, mais par-dessus tout de l'eau phéniquée *. En asperger le sol des bergeries, des étables et des écuries. Grâce à ces moyens préventifs , on est à peu près sûr de préserver la ferme de la maladie.

UN SOLDAT A SES PARENTS LE PREMIER JOUR DE L'AN. 395.

Un jeune soldat écrit à ses parents, pour leur présenter ses souhaits de nouvelle année. Puisse-t-il voir son père et sa mère ... Il commence à se faire au régiment : il explique comment il se conduit envers ses camarades et envers ses supérieurs. Il s'applique le plus possible à la manœuvre. Il espère être nommé caporal. Le regret qu'il a d'avoir quitté son village est adouci par le plaisir qu'il éprouve de servir son pays; car il sent qu'il doit à la patrie ...

UN ONCLE A SON NEVEU QUI VIENT DE PERDRE SON PÈRE. 396.

L'oncle exprimera toute la douleur qu'il ressent de la mort de son frère. Il représentera à son neveu que celui-ci a des devoirs à remplir comme étant l'aîné de la famille. Il lui retracera ses devoirs envers sa mère et envers ses frères et sœurs. Désormais plus de pensées enfantines ,.. Il doit remplacer auprès des siens celui qu'ils ont perdu, prendre à cœur les intérêts de la maison, exercer en toute occasion une surveillance attentive; faire exécuter les travaux nécessaires; donner l'exemple de l'activité; réduire, s'il se peut, les dépenses, en un mot se conduire comme le faisait le défunt lui-même. De la sorte il méritera l'estime des honnêtes gens qui le loueront de ce que ...

UN INSTITUTEUR A UN DE SES ANCIENS ÉLÈVES. 397.

L'instituteur exposera à cet élève que, puisqu'il vient d'entrer comme commis dans un magasin de la ville, il doit s'y conduire de façon à satisfaire tout le monde. Qu'il soit ... avec ses camarades ; qu'il témoigne à ses maîtres ... ; qu'il se montre ponctuel à remplir ses devoirs ; qu'il ne murmure jamais quand on lui donnera un ordre; qu'il ne perde pas une minute de son temps, car ... Aux heures de loisir qu'il évite soigneusement les mauvaises compagnies qui ... ; qu'il soit d'une probité à toute épreuve; enfin qu'il n'oublie jamais ses devoirs envers Dieu et envers ses parents.

CIRCULAIRE D'UN MAIRE AUX HABITANTS DE SA COMMUNE POUR LA CONSTRUCTION D'UNE ÉCOLE. 398.

Mes chers concitoyens, les ressources financières de la commune ne sont pas suffisantes pour la construction d'une école. Venez à notre aide : les uns ..., les autres ... , d'autres encore ... Nous serons amplement dédommagés de nos sacrifices. Au lieu d'errer dans les rues, nos enfants ... Vous savez à quel avenir on est exposé quand on est ignorant. Grâce à cette école nos enfants sauront ... Ils deviendront ... Nous avons un excellent instituteur, vous savez qu'il ... ; montrons-nous reconnaissants envers lui en lui bâtissant une belle école et un logement convenable.

UN ÉCOLIER A UN AMI. 399.

Il lui raconte qu'étant allé se baigner à la rivière avec trois de ses camarades, l'un d'eux eut l'imprudence ... La conséquence fut terrible, le malheureux disparut. Aussitôt l'auteur de la lettre vola à son secours, et, après bien des efforts ... Le jeune téméraire était sauvé. Le sauveur, sachant qu'il n'avait fait que son devoir, s'empressa de se dérober à l'ovation que voulurent lui faire les assistants.

UNE JEUNE FILLE A SON AMIE. 400.

Elle lui raconte quel est l'emploi de son temps depuis qu'elle est sortie de la pension. Elle aide sa mère dans les soins du ménage, ce qui consiste à ... Elle étudie un peu tous les jours, particulièrement ... Elle fait quelques promenades pendant lesquelles elle recueille les plantes utiles qu'elle se propose de ... Le dimanche elle va aux offices ... Elle passe la plupart de ses soirées à confectionner des vêtements pour les pauvres. Il y a surtout deux malheureuses familles dont l'une ... et dont l'autre ... Pour la première elle a déjà ... , maintenant elle va faire pour la seconde ... Elle est heureuse de penser que l'hiver prochain les enfants de ces deux familles seront à l'abri de ...

Exercice lexicologique 401.

Répondez, au moyen du Lexique, aux questions suivantes :

Qu'est-ce que les opérations du drainage, du marnage, du chaulage et du sarclage?

Qu'est-ce qu'une prairie artificielle?

Que signifie l'adjectif préventif?

Qu'est-ce qu'un square?

Qu'est-ce qu'un désinfectant ?

Qu'est-ce que l'eau phéniquée et quels en sont les avantages?

LEXIQUE

(Ce lexique ne contient que les mots marqués d'un astérisque dans le cours de l'ouvrage.)

ABRÉVIATIONS.

sm.	substantif masculin.	*vp.*	verbe passif.
sf.	substantif féminin.	*ch.-l.*	chef-lieu.
spr.	substantif propre.	*dép.*	département.
adj.	adjectif.	*cap.*	capitale.
va.	verbe actif.	*c.-à-d.*	c'est-à-dire.
vn.	verbe neutre.	*pop.*	population.

A

Absous (être), *vp.* être renvoyé d'une accusation.

Accessible, *adj.* où l'on peut facilement arriver; de *accès*.

Acquiescer, *vn.* consentir.

Actif, *adj.* qui aime à travailler; d'où *activité* et *action*.

Adam, *sprm.* nom du premier homme créé par Dieu.

Aérostat ou ballon, *sm.* globe rendu plus léger que l'air et au moyen duquel on s'élève dans l'atmosphère.

Afrique, *spr.* l'une des cinq parties du monde appartenant à l'ancien continent.

Agglutiner, *va.* littéralement coller avec de la *glu*; réunir plusieurs choses de façon à n'en faire qu'un seul tout.

Agrès, *sm.* les objets qui servent à faire marcher un vaisseau.

Algérie, *sprf.* colonie française, sur la côte septentrionale de l'Afrique.

Alpes (les), *spr.* les plus hautes montagnes de l'Europe, qui séparent l'Italie de l'Autriche, de la Suisse et de la France.

Ambulance, *sf.* hôpital qui suit une armée.

Amérique, *sprf.* la plus vaste des parties du monde, découverte par Christophe Colomb en 1492.

Ameublir, *va.* rendre une terre *meuble*, c.-à-d. *légère*.

Amphitryon, *npr.* devenu *nc.* individu chez qui l'on dîne.

An, *sm.* durée de la révolution de la terre autour du soleil; une plante qui vit deux ans est une plante *bisannuelle*; latin *bis*, deux fois; *annus*, année.

Andes (chaîne des), *npr.* montagnes qui longent la côte occidentale de l'Amérique méridionale.

Ange, *sm.* créature qui, étant un pur esprit, n'a point de corps; d'où *angélique*.

Angleterre, *sprf.* la principale des trois contrées qui composent les Iles Britanniques; cap. *Londres*.

Année, *sf.* temps que met la terre à tourner autour du soleil, 365 jours, 5 h. 48 m.

Anthropophage, *sm.* homme qui mange quelquefois d'autres hommes.

Apologue, *sm.* fable servant à exposer une vérité morale.

Aquarium, *sm.* vase ou bassin rempli d'eau dans lequel vivent des poissons ou des plantes aquatiques.

Aquatique, *adj.* qui est ou qui vit dans l'eau.

Arabie, *sprf.* contrée sablonneuse de l'Asie, séparée de l'Afrique par la mer Rouge.

Arc-en-ciel, *sm.* phénomène atmosphérique qui consiste dans l'apparition d'une demi-circonférence présentant les principales couleurs en lesquelles se décompose la lumière du soleil en passant d'un milieu transparent dans un autre plus dense. Les couleurs de l'arc-en-ciel sont : le violet, l'indigo, le bleu, le vert, le jaune, l'orangé et le rouge.

Argileux, *adj.* composé d'argile ou terre glaise.

Argus, *spr.* personnage de la mythologie qui avait cent yeux, dont cinquante veillaient tandis que les cinquante autres dormaient.

Aristote, *sprm.* célèbre philosophe grec, précepteur d'Alexandre le Grand, roi de Macédoine.

Arkangel, *spr.* ville de Russie sur la mer Blanche.

Art, *sm.* méthode, métier; *are*, décamètre carré; *arrhes*, gage d'un marché; *hart*, lien.

Artificiel, *adj.* opposé à *naturel*, qui se fait par la main de l'homme, par art.

Artillerie, *sf.* du vieux verbe *artiller*, *armer*; se dit aujourd'hui de l'arme spéciale du canon.

Atmosphère, *spr.* la couche d'air qui enveloppe la terre.

Atome, *sm.* corps excessivement petit et qu'on suppose ne pouvoir plus être divisé.

Atre ou **foyer**, *sm.* l'endroit d'une cheminée où l'on fait le feu.

Aube, *sf.* le moment où le ciel commence à blanchir et où le jour approche.

Aubier, *sm.* la partie extérieure, la moins colorée et la plus tendre d'un tronc d'arbre ou d'une branche. On appelle *cœur* la partie la plus dure et la plus colorée, enchâssée au centre de l'aubier.

B

Baliveau, *sm.* tout arbre laissé debout lors de la coupe d'un bois.

Bannir, *va.* exiler; de *ban*, publication, sentence de bannissement publiée à son de trompe.

Bas-fond, *sm.* endroit de la mer moins profond que les autres.

Batiste, *sf.* toile de lin très-fine.

Baume-Noire, *sprf.* grotte située dans le département de la Haute-Marne, et où vécurent cachés pendant 9 ans Eponine et Sabinus.

Bayard, *sprm.* dit le Chevalier sans peur et sans reproche, héros français (1476-1524).

Bec, *sm.* d'où *becqueter*.

Bélier, *sm.* machine de guerre des anciens dont la pièce principale était une poutre servant à enfoncer les murailles des villes assiégées; mâle de la *brebis*.

Belvédère, *sm.* c.-à-d. d'où l'on a une

belle vue; petit réduit sur la partie la plus haute d'un édifice.

Betterave, *sf.* plante dont la racine sert à faire du sucre et de l'eau-de-vie.

Bière, *sf.* liqueur fermentée, fabriquée avec de l'eau, de l'orge germée et du houblon. Celui qui fabrique de la bière s'appelle un *brasseur*.

Bile, *sf.* liquide de couleur verte fabriqué par le foie et qui se rend dans l'intestin.

Bissextile, *adj.* se dit de toute année qui a 366 jours.

Blainville (de), *spr.* naturaliste français, mort récemment.

Blatte, *sf.* insecte qui ronge différentes matières animales et végétales.

Blêmir, *vn.* devenir *blême* ou très-pâle.

Bonne-Espérance (le cap de), au sud de l'Afrique.

Bordeaux, *spr.* chef-lieu du département de la Gironde, donne son nom à un vignoble renommé; pop. 170 000 hab.

Botaniste, *sm.* savant qui s'occupe de la botanique, science ayant pour objet les végétaux.

Bouc, *sm.* animal ruminant à longues cornes et à longue barbe. Féminin *chèvre*.

Bouillon (duc de), *nprm.* père de Turenne.

Bourgogne, *sprf.* ancienne province de France, cap. *Dijon*.

Breton, hab. de la Bretagne, anc. prov. de la France.

Brique, *sf.* sorte de pierre artificielle parallélipipédique faite d'une pâte d'argile ou terre glaise que l'on soumet à une forte cuisson.

Bruxelles, *spr.* capitale de la Belgique; pop. 285 000 hab.

Buanderie, *sf.* lieu où l'on coule la lessive.

Buffon, *sprm.* célèbre littérateur et naturaliste français du XVIIIe siècle (1707-1788).

Butiner, *va.* faire du butin; de *butin*.

C

Cabotage, *sm.* navigation le long des côtes.

Calcaire, *sm.* ou carbonate de chaux. Les principales variétés de calcaires sont : la craie, la pierre à bâtir de Paris, le marbre.

Calcutta, *spr.* capitale de l'Inde anglaise.

Camper, *vn.* établir un camp; de *camp*.

Canard, *sm.* oiseau aquatique de la famille des palmipèdes. Féminin *cane*.

Candidature, *sf.* état de celui qui aspire à une charge publique ou à un emploi; de *candidat*.

Canton, *spr.* ville de Chine.

Carnassier, *adj.* qui se nourrit de chair.

Carrare, ville d'Italie aux environs de laquelle se trouvent des carrières renommées de marbre blanc.

Caspienne (mer), mer intérieure entre la Turquie et le Turkestan.

Catherine de Médicis, *spr.* reine de France, femme de Henri II, mère de François II, Charles IX, Henri III.

Caucase, *spr.* chaîne de montagnes allant de la mer Noire à la mer Caspienne.

Ceinture, *sf.* courroie dont on se ceint le milieu du corps; de *ceindre*.

Céleste (Empire), nom que l'on donne à l'empire chinois.

Célibataire, *sm.* qui n'est pas marié; de *célibat*.

Celtique, *adj.* de *Celtes*, peuple ancien de la Gaule.

Cépée, *sf.* touffe de tiges de bois sortant d'une même souche.

Céréale, *sf.* toute plante dont la graine ressemble à celle du blé.

Cerf, *sm.* animal ruminant. Le féminin de *cerf* est *biche; serre*, lieu où on abrite les plantes; *serf*, esclave; *serre*, du verbe *serrer*.

Cerveau, *sm.* la partie la plus volumineuse de l'appareil nerveux et qui se trouve logée dans le crâne; la même chose que *cervelle*.

Chaîne, *sf.* lien composé d'anneaux métalliques; *chêne*, arbre.

Chair, *sf.* viande; *chaire* à prêcher; *cher*, terme d'amitié; *chère*, dans bonne *chère*.

Chambranle, *sm.* revêtement en marbre ou en bois des deux montants et du dessus d'une cheminée, d'une porte, d'une fenêtre.

Chamois, *sm.* mammifère ruminant possédant la légèreté des espèces du genre antilope ou gazelle dont il fait partie, et dont la forme rappelle celle de la chèvre et du bouquetin. Il habite les Alpes et les Pyrénées.

Champ, *sm.* portion de terre; *chant*, inflexion de la voix.

Champagne, *sprf.* ancienne province de France, cap. *Troyes*.

Charlemagne, *sprm.* célèbre prince Franc, empereur d'Occident (754-814).

Chaulage, *sm.* action de tremper les graines dans de l'eau de chaux.

Chaux vive, *sf.* substance qu'on obtient en calcinant dans des fours à chaux des fragments de pierre à bâtir commune. — *Chaux éteinte*, chaux vive sur laquelle on a versé de l'eau.

Chêne, *sm.* arbre; *chaîne*, *sf.* lien composé d'anneaux métalliques.

Chevron, *sm.* chacune des pièces de bois sur lesquelles on cloue les lattes d'un toit.

Chimère, *sf.* monstre mythologique auquel on attribue une tête de lion, un corps de chèvre, une queue de dragon et la faculté de vomir des flammes; tout objet qui n'existe que dans notre imagination.

Chimérique, *adj.* imaginaire.

Chinois, hab. de la *Chine*, vaste contrée de l'Asie centrale et orientale.

Ciguë, *sf.* plante vénéneuse de la même famille que le persil.

Cime, *sf.* sommet d'une montagne, d'un arbre.

Ciment, *sm.* matière servant à faire du mortier et composée souvent de briques pilées.

Circonspection, *sf.* réserve prudente, de *circonspect*.

Circumnavigation, *sf.* voyage autour de la terre.

Citadin, *sm.* hab. d'une cité, d'une ville.

Clarifier, *va.* rendre un liquide clair, limpide.

Cloison, *sf.* mince séparation entre deux pièces d'un appartement.

Cocon, *sm.* enveloppe feutrée où se renferme une larve lorsqu'elle se change en nymphe.

Cœur, *sm.* muscle servant à lancer le sang dans toutes les parties du corps; il est situé dans la poitrine. — *Chœur*, troupe de musiciens qui chantent ensemble; morceau de musique à plusieurs parties; partie d'une église où le clergé officie.

Coffin, *sm.* vase cylindro-conique que le faucheur porte à sa ceinture, et contenant de l'eau dont il se sert pour aiguiser la faux.

Collaboration, *sf.* travail en commun; d'où *collaborateur.*

Collision, *sf* choc de deux objets en mouvement et notamment de deux trains sur un chemin de fer.

Colomb (Christophe), *sprm.* célèbre navigateur génois, découvrit l'Amérique en 1492.

Colon, *sm.* celui qui va s'établir comme cultivateur dans un pays étranger et peu habité.

Colonie, *sf.* pays qui est à un État ce que, chez les abeilles, un essaim est à la ruche mère.

Compère, *sm.* le parrain. Féminin : *commère.*

Compilation, *sf.* action de prendre çà et là dans les auteurs des idées ou des phrases pour en composer un livre; d'où *compilateur.*

Condensation, *sf.* action de rendre un corps plus dense ou plus lourd; changement d'une vapeur en liquide; d'où *condensateur.*

Confire, *va.* mettre des fruits ou des légumes dans un liquide qui les conserve et dont ils prennent le goût.

Constant, *adj.* persévérant.

Convoiter, *va.* désirer ardemment.

Convoitise, *sf.* désir ardent.

Cook, *spr.* célèbre navigateur anglais du XVIIIe siècle.

Coque, *sf.* c.-à-d. *coquille*, enveloppe calcaire de l'œuf; enveloppe des nymphes ou chrysalides; enveloppe de certains fruits durs comme du bois; terme de marine, la coque d'un navire. *Coq*, *sm.* oiseau de basse-cour; *coke*, espèce de charbon.

Corneille, célèbre poëte tragique, né à Rouen en 1606, mort en 1684.

Corps, *sm.* partie matérielle de l'homme ou d'un animal; *cor*, instrument de musique et durillon aux doigts de pieds; *cors*, *sm.* petit rameau de bois de cerf.

Corsaire, *sm.* marin qui court les mers pour voler, piller.

Cou, *sm.* partie du corps qui joint la tête aux épaules; *coup*, résultat d'un choc; *coût*, prix d'une chose.

Crapaudine, *sf.* pierre qu'on croyait exister dans la tête des crapauds; manière de préparer les pigeons; de *crapaud.*

Crédule, *adj.* qui croit trop facilement.

Crédulité, *sf.* qualité de celui qui est crédule.

Crésus, *spr.* roi de Lydie, fameux par ses richesses (VIe siècle av. J.-C.), et dont le nom, passé en proverbe, s'applique maintenant à tout individu très-riche..

Crocodile, *sm.* le plus redoutable des reptiles; il a l'apparence d'un grand lézard.

Cube (mètre), *sm.* volume ayant la forme d'un dé à jouer, dont chaque face est d'un mètre carré.

Cuvier, *sprm.* illustre naturaliste français du XIXe siècle.

D

Daim, *sm.* animal qui ressemble au cerf. Féminin : *daine.*

Damasser, *va.* fabriquer du linge ouvré comme on le fait à Damas, en Syrie.

Danube, *sprm.* grand fleuve de l'Europe qui se jette dans la mer Noire (3 000 k.).

Débiteur, *sm.* celui qui doit à un autre. Fém. *débitrice.*

Déblayer, *va.* enlever ce qui encombre un terrain; ce mot signifia d'abord enlever le *blé* d'un champ qu'on vient de moissonner; de *déblai.*

Degré, *sm.* l'une des 360 divisions du cercle; division du thermomètre.

Désert, *sm.* vaste étendue de terres inhabitées.

Désinfectant, *sm.* toute matière propre à détruire les miasmes ou autres émanations malsaines provenant des corps organiques en décomposition. Le chlore, les chlorures de chaux et de soude, l'acide phénique.

Dessein, *sm.* projet; *dessin*, représentation d'un objet.

Devin, *sm.* qui prétend découvrir les choses cachées et prédire l'avenir.

Diable, *sm.* le chef des anges déchus. D'où *diabolique.*

Diamant, *sm.* pierre précieuse transparente qui n'est que du charbon très-pur et cristallisé.

Digue, *sf.* barrage destiné à contenir des eaux.

Dindon, *sm.* gros oiseau de la même famille que le coq. Fém. *dinde.*

Discréditer, *va.* détruire la confiance, le crédit dont jouit quelqu'un; de *discrédit.*

Discret, *adj.* qui sait garder un secret.

Domestique, *adj.* qui est de la maison; *animal domestique*, animal qu'on élève à la maison.

Dos, *sm.* *dorsal*, du dos, du latin *dorsum*, dos.

Douane, *sf.* impôt prélevé sur les marchandises à l'entrée et à la sortie d'un État; administration chargée de percevoir cet impôt.

Douve, *sf.* l'une des planches courbes dont est composé un tonneau.

Drainage, *sm.* de l'anglais *to drain*, dessécher; action de dessécher un sol trop humide au moyen de tuyaux souterrains.

Druide, *sm.* nom d'un prêtre chez les Gaulois.

Duguesclin (Bertrand), *sprm.* illustre chevalier français né en Bretagne en 1314, mort en 1380, contribua puissamment à l'expulsion des Anglais sous le règne de Charles V.

Dupe, *sf.* facile à tromper; celui qui a été trompé.

E

Échouer, *vn.* heurter contre le rivage; *fig.* ne pas réussir.

Éclipse, *sf.* disparition momentanée du soleil ou de la lune.

Écosse, *sprf.* une des divisions des Iles Britanniques. Cap. Edimbourg.

Écrivain, *sm.* ou *eumolpe* de la vigne, insecte à élytres rougeâtres, dont le corps est noir et qui en rongeant les feuilles de la vigne y trace de fines découpures ressemblant à une écriture mal formée.

Écu, *sm.* bouclier, armoirie, pièce de monnaie.

Écueil, *sm.* rocher presque à fleur d'eau dans la mer.

Élaguer, *va.* retrancher; particulièrement couper les branches inutiles d'un arbre.

Élève (des bestiaux), *sf.* ensemble des

opérations qui ont pour objet la multiplication et l'éducation des bestiaux.

Éliminer, *va.* mettre dehors, faire disparaître.

Eminence, *sf.* élévation de terre.

Empirique, *sm.* charlatan.

Enchérisseur, *sm.* celui qui offre d'une chose vendue à l'encan un prix plus élevé que les autres amateurs. De *enchère*.

Engrais, *smpl.* matières propres à fertiliser la terre.

Épave, *sf.* tout ce que la mer rejette sur les bords après un naufrage.

Epices, *sfpl.* substances aromatiques propres à assaisonner les mets.

Equarrir, *va.* tailler un arbre de façon à lui donner une base carrée et des faces rectangulaires; dépecer un animal mort; d'où *équarrissage*.

Equinoxe, *sm.* moment de l'année où le jour et la nuit sont égaux; il y a l'équinoxe du printemps, 21 mars; l'équinoxe d'automne, 21 septembre; d'où *équinoxial*.

Ère, *sf.* époque à partir de laquelle on compte les années; *air*, *sm.* masse gazeuse qui entoure la terre; chant; *aire*, *sf.* surface; lieu où l'on bat le grain; nid des oiseaux de proie; direction du vent; il *erre*, du verbe *errer*.

Erudit, *adj.* qui est très-savant; d'où *érudition*.

Espagne, *sprf.* contrée de l'Europe méridionale, cap. Madrid, 16 000 000 d'hab.

Espagnol, hab. de l'Espagne, contrée du midi de l'Europe.

Essaim, *sm.* réunion des abeilles qui vivent dans la même ruche.

Estomac, *sm.* grand sac membraneux formant un élargissement du tube intestinal et où a lieu la première digestion. Il est situé à la partie supérieure du ventre.

Étamer, *va.* recouvrir un métal d'une mince couche d'étain; d'où *étamage*.

Étreindre, *va.* serrer fortement.

Etuve, *sf.* lieu d'où on élève la température pour y faire dessécher certaines substances ou pour y prendre des bains. On y produit l'élévation de température par la chaleur seule, ou par la vapeur de l'eau bouillante.

Evêque, *sm.* littéralement *inspecteur; de l'évêque*, épiscopal; latin, *episcopus*, évêque.

Evier, *sm.* pierre légèrement creusée où on lave la vaisselle.

Excéder, *va.* dépasser.

Exportation, *sf.* transport d'un produit à l'étranger dans l'intention de le vendre.

Extirper, *va.* déraciner, arracher.

F

Faim, *sf.* besoin de manger; *fin*, terme; *fin*, rusé; *feint*, simulé.

Faine, *sf.* fruit du hêtre.

Faisan, *sm.* gros oiseau de l'ordre des gallinacés, originaire des bords du Phase, fleuve qui se jette dans la mer Noire.

Ferme, *sf.* assemblage de charpentes formant le comble d'un toit.

Fermenter, *vn.* être en fermentation; se dit d'une matière sucrée au moment où elle se change en alcool.

Fléau, *sm.* instrument pour battre le grain; barre horizontale mobile autour d'un axe, ou couteau, et à laquelle sont attachés les deux plateaux d'une balance; calamité qui fait périr à la fois beaucoup d'hommes.

Flexion, *sf.* action de courber; état de ce qui est courbé; d'où *flexible*.

Foie, *sm.* grosse glande située au côté droit du ventre et qui produit de la bile et du sucre; *foi*, *sf.* croyance; croyance religieuse; *bonne foi*, droiture; *fouet*, *sm.* corde ou lanière fixée au bout d'un manche et dont on se sert pour conduire les chevaux.

Foncier, *adj.* se dit d'un impôt que l'on paye pour un fonds de terre.

Fonts, *smpl.* littéralement source ou fontaine; grand vase en pierre contenant l'eau qui sert pour le baptême; *fond*, *sm.* la partie la plus basse d'une chose creuse; le coin le plus reculé d'une contrée; *fonds*, *sm.* sol d'une terre; somme d'argent; capital; *il fond*, du verbe *fondre; ils font*, du verbe *faire*.

Foudre, *sf.* tonnerre, décharge de l'électricité contenue dans l'air.

Frai, *sm.* temps de la ponte des œufs du poisson, ces œufs eux-mêmes.

France, *sprf.* un des principaux Etats de l'Europe, cap. *Paris*. Ses principales villes sont Lyon, Bordeaux, Marseille, Lille, Nantes, Rouen; 36 000 000 d'hab.

Franklin, *sprm.* célèbre physicien et homme d'Etat des Etats-Unis (1706-1790).

Fret, *sm.* louage d'un navire; d'où *fréter*.

Friches, *sf.* terres qu'on ne cultive pas.

Fusion, *sf.* action de fondre; d'où *fusible*.

Futaie, *sf.* bois composé de grands arbres et que l'on n'abat que tous les 120 ans.

G

Galien, *sprm.* célèbre médecin grec, né à Pergame l'an 131 de notre ère, mort à l'âge de 70 ans environ. Il passa la plus grande partie de sa vie à Rome, fut médecin de Marc-Aurèle, de Lucius Vérus et de Commode.

Gange (le), *spr.* grand fleuve sacré des Indous.

Garonne, *sprf.* fleuve de France, prend sa source dans les Pyrénées, se jette dans l'Océan, au-dessous de Bordeaux.

Gaze, *sf.* étoffe claire et très-légère.

Genève, *sprf.* ville suisse sur les frontières de France.

Génie, *sm.* le corps des officiers chargés des travaux de fortification; divinité de second ordre chez les anciens et chez plusieurs peuples modernes.

Glucose, *sm.* ou sucre de raisin, espèce de sucre que l'on retire de la plupart des fruits mais que l'on peut aussi fabriquer avec de l'amidon ou fécule.

Graminées, *sf.* famille de plantes monocotylédones, comprenant les blés et toutes les céréales, les gazons, la canne à sucre, les bambous, etc.

Grimoire, *sm.* prétendu livre des sorciers; tout écrit inintelligible.

H

Haine, *sf.* inimitié, aversion; *aine*, partie du corps; *Aisne*, rivière.

Hambourg, *spr.* ville d'Allemagne.

Hâtif, *adj.* qui mûrit de bonne heure.

Havre (le), *sp.* port de mer sur la Manche, dép. de la Seine-Inférieure.

Hawaii, *spr.* archipel d'origine volcanique dans la partie nord de l'Océan Pacifique.

Hémorrhagie, *sf.* perte de sang.

Hésiode, *sprm.* vieux poète grec.

Hièble, *sf.* plante du même genre que le sureau, qui ne pousse que dans les meilleures terres.

Himalaya, *spr.* chaîne de montagnes possédant les sommets les plus élevés du globe, séparant de l'Inde le grand plateau central asiatique.

Hippocrate, *sprm.* le plus illustre médecin et l'un des écrivains de la Grèce, né dans l'île de Cos en 460 av. J.-C. On ignore la date et le lieu de sa mort.

Histoire, *sf.* récit des événements qui méritent de passer à la postérité; d'où *historique.*

Hollande, *sprf.* contrée du nord-ouest de l'Europe, cap. Amsterdam; 4 320 000 hab.

Hongrie, *spr.* contrée de l'Europe, faisant partie de la monarchie autrichienne.

Horace, *spr.* père de trois frères guerriers romains.

Horde, *sf.* bande d'hommes errants, souvent sauvages.

Horn (le cap), *spr.* au sud de l'Amérique méridionale.

Hospitalité, *sf.* action de bien accueillir les étrangers.

Hôte, *sm.* individu qui reçoit chez lui un étranger; étranger reçu par quelqu'un. *Hôte* a donc deux sens : un sens actif et un sens passif.

Houdan, *spr.* ch.-l. de canton, Seine-et-Oise.

Humble, *adj.* plein d'humilité; d'où *humilier.*

Hure, *sf.* tête de sanglier.

Hydrofuge, *adj.* qui chasse l'eau, l'humidité.

Hypocrisie, *sf.* vice par lequel on affecte les vertus qu'on n'a pas.

I

Immatériel, *adj.* sans matière, qui est pur esprit.

Importation, *sf.* introduction dans un pays d'un produit étranger destiné à être vendu.

Imprimerie, *sf.* art de reproduire rapidement les écrits, inventé par Gutemberg pendant le XVe siècle.

Inauguration, *sf.* cérémonie accompagnant l'ouverture d'un nouvel établissement ordinairement public; consécration d'un monument.

Inde, *sprf.* grande contrée du sud de l'Asie.

Indigeste, *adj.* d'une digestion difficile.

Indiscret, *adj.* qui n'est pas discret, curieux.

Inhospitalier, *adj.* qui ne pratique pas l'hospitalité.

Insulaire, *sm.* habitant d'une île.

Intestins, *smpl.* les boyaux.

Isabeau de Bavière, *spr.* reine de France, femme de Charles VI, morte en 1435, fit beaucoup de mal à la France et mourut méprisée de tout le monde.

Italie, *sprf.* contrée du midi de l'Europe, 25 000 000 d'hab. Cap. *Rome.*

J

Janus, *sprm.,* divinité romaine dont le temple était fermé pendant la paix, ouvert en temps de guerre.

Jauger, *va.* mesurer le volume d'un tonneau, d'un vaisseau; d'où *jaugeage.*

Jeanne-d'Arc, *nprf.* jeune bergère, née en 1409 à Domremy, en Lorraine, qui délivra la France des Anglais. Faite prisonnière par eux, elle fut brûlée vive à Rouen, le 30 mai 1431.

Jenner, *nprm.* médecin anglais, qui découvrit la vaccine au commencement de ce siècle.

Jérusalem, *spr.* ville de la Turquie d'Asie, anc. cap. de la Palestine.

K

Kilomètre, *sm.* mille mètres en longueur.

L

Laborieux, *adj.* qui aime le travail.

Lac, *sm.* grande étendue d'eau au milieu des terres.

La Fontaine, *nprm.* le premier des fabulistes (1621-1695).

Lait, *sm.* liquide nourricier des jeunes mammifères; *laid,* opposé à beau; *laie,* femelle du sanglier; *lai,* petit poème; *lai,* laïque; *lé,* distance entre les deux lisières d'une étoffe; *laie,* petite route percée dans une forêt; *legs,* donation; *les,* article.

Lambrissé, *adj.* couvert de lambris, c.-à-d. de plaques de bois ou de métal appliquées contre les murailles.

Légation, *sf.* charge de *légat;* demeure d'un ambassadeur; de *légat,* qui, au propre, signifie lieutenant, délégué, mais désigne particulièrement un ambassadeur du souverain pontife.

Lentille, *sf.* verre taillé faisant voir les objets grossis ou rapetissés.

Lépidoptère, *sm.* c.-à-d. aile écailleuse, papillon.

Leurre, *sm.* appât, amorce pour tromper.

L'Hopital (Michel de), chancelier de France sous Charles IX, célèbre par son intégrité et par son honnêteté politique, né en 1506, mort en 1573.

Lieue, *sf.* mesure itinéraire, 4,000 mètres.

Lille, *sprf.* ville importante de France, ch.-l. du dép. du Nord, 155 000 hab.

Lingot, *sm.* morceau de métal coulé dans un moule.

Locomotive, *sf.* machine à vapeur destinée à traîner un convoi de voitures sur un chemin de fer.

Loi, *sf.* règle à laquelle sont astreints tous les habitants d'un même pays; *de la loi,* se dit *légal;* latin *legem,* loi.

Loire, *sprf.* grand fleuve de France, qui naît dans les Cévennes et se jette dans l'Océan.

Londres, *sprf.* capitale de l'Angleterre, sur la Tamise; son port sert d'entrepôt au commerce du monde entier. Population : 3 200 000 habitants.

Louis XIII, *sprm.* fils de Henri IV (1610-1643), eut Richelieu pour ministre.

Louis XIV, *spr.* roi de France, de 1643 à 1715.

Loup, *sm.* animal carnassier. Au féminin, *louve.*

Lucre, *sm.* gain.

Lune, *sf.* satellite de la terre, autour de laquelle elle tourne en 28 jours environ.

Lynx, ou *loup-cervier*, *sm.* animal du genre chat, commun dans les forêts du nord de l'Europe.

Lyon, *sprf.* la seconde ville de France, ch.-l. du dép. du Rhône, célèbre par ses soieries renommées dans le monde entier; 880 000 hab.

M

Mal, *sm.* douleur physique; *malle*, *sf.* coffre; *mâle*, de sexe masculin.

Malaisie, *sprf.* une des trois grandes divisions de l'Océanie.

Mandataire, *sm.* celui qu'un autre a chargé de ses pouvoirs pour traiter une ou plusieurs affaires; de *mandat*.

Mansarde, *sf.* chambre établie dans un grenier; tire son nom de l'architecte *Mansard*, sous Louis XIV.

Manuscrit, *sm.* livre écrit à la main.

Marcottage, *sm.* action de coucher en terre une branche pour lui faire prendre racine.

Marée, *sf.* tout poisson de mer non salé.

Marnage, *sm.* opération agricole qui consiste à répandre sur un champ de la *marne*, mélange de calcaire et d'argile.

Marseille, *sprf.* très-ancienne ville de France, le plus important des ports français sur la Méditerranée; 320 000 hab.

Matériel, *adj.* formé de matière.

Matinal, *adj.* qui est du matin.

Méditerranée, *sprf.* grande mer intérieure, située au sud de l'Europe, qu'elle sépare de l'Afrique.

Mer, *sf.* vaste étendue d'eau salée; *mère*, féminin de père; latin *mater*, d'où *maternel; maire*, *sm.* premier officier municipal et administrateur d'une commune.

Mer du Nord ou d'Allemagne, partie de l'Océan comprise entre l'Angleterre, la Belgique, la Hollande et les Etats Scandinaves.

Mésaventure, *sf.* aventure fâcheuse, accident; de *mes* qui veut dire *moins*, et de *aventure.*

Microscope, *sm.* instrument d'optique à l'aide duquel on examine les objets très-petits, qu'il *grossit* plusieurs milliers de fois.

Midi, *sm.* milieu du jour; celui des quatre points cardinaux qu'on a devant soi quand on regarde le soleil au milieu du jour; le *midi*, pour les habitants de notre hémisphère, l'ensemble des pays dont la latitude ne dépasse pas le 45e degré.

Mine, *sf.* gisement de minerai exploité le plus souvent au moyen de galeries souterraines; cavité souterraine où l'on place de la poudre pour faire sauter tout ce qui se trouve au-dessus.

Minéral, *adj.* qui a rapport aux minéraux, qui en est formé.

Mite, *sf.* petit insecte qui ronge le fromage, les fourrures, les vêtements de laine.

Mitraille, *sf.* vieille ferraille avec laquelle on charge quelquefois les canons.

Mois, *sm.* la douzième partie de l'année; latin *mensis*, d'où *mensuel.*

Moïse, *nprm.* législateur des Hébreux, qui les tira de l'Egypte.

Mont Blanc, *spr.* dans les Alpes, sa haut. est de 4,795 m.

Montereau, ville de Seine-et-Marne, au confluent de la Seine et de l'Yonne. Les Français y défirent les Wurtembergeois et les Russes le 18 février 1814.

Morceau, *sm.* d'où *morceler*, découper en morceaux.

Mors, *sm.* partie de la bride que l'on introduit dans la bouche du cheval; *mort*, cessation de la vie; il *mord*, du verbe *mordre; Maure*, habitant de l'ancienne Mauritanie.

Mort, *sf.* cessation de la vie; *mors*, *sm.* partie de la bride que l'on introduit dans la bouche du cheval; il *mord*, du verbe *mordre; Maures*, habitants de l'ancienne Mauritanie.

Moutarde, *sf.* plante de la famille des crucifères dont la graine sert à préparer un bon condiment.

Mue, *sf.* perte des plumes chez les oiseaux.

Mulâtre, *sm.* fils d'un nègre et d'une blanche. Au féminin on dit *mulâtresse.*

Mur, *sm.* ouvrage de maçonnerie formant une paroi d'une maison; enceinte d'une cour, d'un jardin; *mûre*, *sf.* fruit du mûrier des vers à soie; *mûr*, *adj.* qualité d'un fruit bon à manger.

Mûrier, *sm.* arbre dont les feuilles servent à nourrir les vers à soie.

Myriamètre, *sm.* dix mille mètres de longueur.

N

Nabab, *sm.* c.-à-d. lieutenant, gouverneur d'une grande province dans les Indes; tout individu devenu immensément riche dans ce pays, ou étalant une opulence princière.

Naine, *adj.* fém. de *nain*, d'une taille très-petite.

Nantes, *sprf.* ville importante, ch.-l. du dép. de la Loire-Inférieure, 120 000 hab.

Naples, *spr.* ville d'Italie, anc. cap. du royaume de Naples, près du Vésuve.

Nègre, *sm.* homme à peau noire. Fém. *négresse.*

New-York, *spr.* ville importante des Etats-Unis d'Amérique, 1 200 000 hab.

Noce, autrefois *nopce*, *sf.* d'où *nuptial;* latin *nuptiæ*, les noces.

Nord, *sm.* l'un des noms du pôle céleste élevé au-dessus de notre horizon; nom du pôle terrestre correspondant; point cardinal opposé au midi; *le nord*, l'ensemble des pays qui avoisinent le pôle nord de la terre.

Nouveau-Monde, *voy.* Amérique.

Nouvelle-Hollande ou Australie, *sprf.* île de l'Océanie, grande comme l'Europe, en partie aux Anglais. C'est la terre des marsupiaux ou mammifères à poche, et des arbres dont les feuilles ont leurs deux faces verticales.

Nutritif, *adj.* propre à nourrir.

Nymphe ou chrysalide, *sf.* état des insectes quand ils ne sont plus à l'état de larves et qu'ils ne sont pas insectes parfaits.

O

Objection, *sf.* raison qu'on oppose à une proposition, vient de *objecter.*

Obus, *sm.* projectile creux qu'on lance ad

moyen d'un canon et qui éclate en arrivant au but.

Océan, *sm.* vaste mer. Les deux principaux sont l'océan Atlantique et l'océan Pacifique.

Océanie, *spr.* ou monde maritime, l'une des cinq parties du monde.

Octroi, *sm.* concession; droit qu'on paye pour entrer certaines marchandises dans une ville; d'où *octroyer*.

Odessa, *spr.* ville de Russie, sur la mer Noire, 120 000 hab.

Odorat, *sm.* celui des cinq sens par lequel on perçoit les odeurs. Il a le nez pour organe.

Office, *sf.* pièce où l'on serre tout ce qui a rapport au service de la table.

Oléagineux, *adj.* qui produit de l'huile.

Olive, *sf.* fruit de l'olivier, d'où on tire la meilleure huile.

Oppresseur, *sm.* qui traite durement; qui opprime; de *oppresser*.

Orléans, *sprm.* ch.-l. du dép. du Loiret, sur la Loire, 51 000 habitants.

Orteil, *sm.* l'un quelconque des doigts du pied.

Otage, *sm.* personne qu'un individu se fait livrer comme garantie.

Ouïe, *sf.* celui des cinq sens par lequel on perçoit les sens. Il a l'oreille pour organe.

P

Pain, *sm.* aliment composé de farine délayée avec de l'eau, fermentée et cuite; *pin*, *sm.* arbre toujours vert et résineux d'où l'on tire la térébenthine; *il peint*, du verbe *peindre*.

Pair, *adj.* égal; *pair*, *sm.* grand vassal de la couronne sous le régime féodal; membre de la chambre haute sous un gouvernement constitutionnel; *père*, *sm.* le chef de famille considéré par rapport à ses enfants et à ses descendants; *paire*, *sf.* réunion de deux êtres assortis.

Palmier, *sm.* bel arbre des pays chauds.

Panacée, *sf.* prétendu remède contre tous les maux.

Panne, *sf.* pièce de bois horizontale réunissant les pointes des deux pignons d'une maison et sur laquelle s'appuie l'extrémité supérieure des chevrons.

Paon, *sm.* prononcé *pan*, gros et bel oiseau de l'ordre des gallinacés, remarquable surtout par les mille couleurs de son plumage; *Pan*, dieu des troupeaux ou des pâturages dans la mythologie; *pan*, d'un habit.

Paratonnerre, *sm.* appareil dont on munit les édifices pour les préserver du tonnerre.

Parfait, *adj.* qui est sans défaut: d'où *perfection*.

Paris, *sprm.* capitale de la France, sur la Seine, l'une des plus grandes, des plus peuplées et des plus belles villes de l'Europe, 2 000 000 d'hab.

Parmentier, *nprm.* introducteur de la pomme de terre en France, 1737-1813.

Parties du monde (les cinq). Ce sont l'Europe, l'Asie, l'Afrique, l'Amérique, l'Océanie.

Pasteur, *sm.* berger.

Pâtir, *vn.* souffrir.

Peau, *sf.* l'enveloppe extérieure d'un animal; *pot*, vase; *Pô*, fleuve d'Italie; *Pau*, ville, ch.-l. du dép. des Basses-Pyrénées.

Pectoral, *adj.* bon pour la poitrine.

Pêne, *sm.* pièce d'une serrure qui fait l'office de verrou, que l'on pousse dans la gâche et que l'on retire au moyen de la clef; *peine*, douleur, châtiment.

Perception, *sf.* action de percevoir, de saisir un phénomène extérieur par l'intermédiaire des nerfs; d'où *perceptible*.

Père (de), paternel.

Phéniquée (eau), eau contenant une dissolution d'acide phénique, corps compris parmi les produits de la distillation de la houille, puissant antiputride.

Photographe, *sm.* qui exerce la photographie, c.-à-d. l'art de fixer sur du papier l'image des objets par l'action de la lumière.

Pigeon, *sm.* oiseau de la famille du coq. Fém. : *colombe*.

Pistole, *sf.* monnaie de compte qui vaut 10 francs.

Place, *sf.* forteresse, ville de guerre.

Plage, *sf.* surface plane descendant en pente douce jusqu'à la mer.

Planète, *sf.* c.-à-d. astre qui tourne comme la terre autour du soleil.

Pléiade, *sf.* groupe de six étoiles; réunion d'hommes célèbres.

Points cardinaux (les quatre). Ce sont : le Nord ou Septentrion, le Sud ou Midi, l'Est ou l'Orient, l'Ouest ou l'Occident.

Pois, *sm.* plante légumineuse à graines comestibles; *poids*, mesures pour peser; *poix*, matière résineuse.

Poivre, *sm.* graine servant à assaisonner les mets, produite par le poivrier, arbrisseau de l'Australie.

Pollen, *sm.* poussière fécondante contenue dans les étamines des fleurs.

Porc, *sm.* cochon. Fém. *truie*; *pores*, petits trous dans la peau; *port*, portion de mer s'enfonçant dans la terre et servant d'abri aux vaisseaux; *port*, prix de transport d'une lettre, d'un paquet, etc.

Poulain, *sm.* jeune cheval. Féminin : *pouliche*.

Poumon, *sm.* organe de la respiration situé dans la poitrine et en communication avec l'air. Les poumons sont au nombre de deux.

Pourpoint, *sm.* ancien vêtement qui couvrait le buste.

Prairie artificielle, *sf.* sorte de prairie que l'on obtient en ensemençant un champ d'une plante légumineuse, comme trèfle, luzerne, sainfoin, etc.

Prématuré, *adj.* qui arrive avant le temps convenable.

Prescription, *sf.* droit à la propriété d'un bien par l'effet d'une possession suffisamment prolongée; abolition d'une dette, impunité acquise par suite du temps écoulé; d'où *prescriptible*.

Préventif, *adj.* qui prévient, qui empêche l'invasion d'un mal que l'on redoute.

Printemps, *sm.* la première des quatre saisons.

Priser, *va.* apprécier la valeur d'un objet; de *prix*.

Proscription, *sf.* condamnation illégale prononcée par un usurpateur du pouvoir, d'où *proscrire*.

Provende, *sf.* provision de vivres; mélange de son et de racines hachées pour la nourriture des bestiaux.

Pyrale, *sf.* papillon nocturne dont quelques espèces à l'état de chenilles rongent, celle-ci les feuilles de la vigne, celle-ci les poires et les pommes, d'autres enfin les feuilles du prunier, du cerisier.

Pyrénées, *spr.* montagnes séparant la France de l'Espagne.

Q

Quaker, *sm.* c.-à-d. *trembleur,* membre d'une secte protestante très-répandue aux Etats-Unis.

Quinquina, *sm.* arbre de l'Amérique méridionale, dont l'écorce est utilisée en médecine.

Quotidien, *adj.* de chaque jour.

R

Rabattre, *va.* rabaisser un objet qui s'élève; d'où *rabat,* morceau d'étoffe que les avocats et les prêtres portent en guise de cravate.

Recroqueviller (se), *vp.* se dit de toute feuille, peau ou membrane qui se crispe et se plie sous l'influence de la dessiccation.

Réduit, *sm.* misérable demeure.

Refréner, *va.* réprimer au moyen d'un *frein.*

Relever (la position d'un lieu), *va.* en déterminer la longitude et la latitude.

Remblai, *sm.* opération de terrassement qui consiste à former une masse de terre rapportée, sur laquelle on établit un chemin ou tout autre chose.

Rénal, *adj.* qui a rapport aux reins, vulgairement *rognons;* de *rein.*

Renne, *sm.* mammifère ruminant très-voisin du cerf, qui habite la Laponie; *rêne, sf.* courroie de la bride d'un cheval; *reine, sf.* fém. de roi; *raine* ou *rainette, sf.* petite grenouille verte qui grimpe sur les arbres.

Rennes, chef-lieu du département d'Ille-et-Vilaine.

Réplétion, *sf.* embonpoint exagéré.

Rez-de-chaussée, *sm.* partie d'une maison qui est au *ras,* au niveau de la route, de la chaussée.

Rhin, *sprm.* grand fleuve qui prend sa source au mont Saint-Gothard, et se jette dans la mer du Nord.

Rhône, *sprm.* grand fleuve qui prend sa source au mont Saint-Gothard, et se jette dans la Méditerranée.

Ricin, *sm.* plante de la même famille que les euphorbes, et dont la graine fournit une huile purgative.

Robinson Crusoé, *npr.* héros d'un célèbre roman anglais, que l'auteur, Daniel de Foë, suppose avoir vécu un grand nombre d'années dans une île déserte.

Romaine (république), *sprf.* la plus grande puissance du monde ancien. Cap. *Rome.*

Rome, cap. de l'Italie, résidence du pape, surnommée la Ville Eternelle.

Rouen, grande ville manufacturière, chef-lieu de la Seine-Inférieure, 100 671 hab.

Rousseau (J.-B.), poëte lyrique français, 1671-1741.

Ruisseau, *sm.* petit cours d'eau; d'où *ruisseler.*

S

Sabinus, *spr.* noble gaulois des environs de Langres qui tenta avec Civilis d'affranchir la Gaule de la domination romaine. Vaincu, il se cacha avec sa femme Eponine dans la grotte de la Baume-Noire. Ayant eu l'imprudence d'aller à Rome, les deux époux furent mis à mort par ordre de Vespasien, l'an 78 de notre ère.

Sablière, *sf.* pièce de bois placée sur le mur d'une maison et dans toute la longueur de ce mur pour supporter l'extrémité inférieure des chevrons.

Sahara, *sprm.* grand désert sablonneux au sud du massif de l'Atlas, qui traverse l'Afrique de l'Océan Atlantique à la mer Rouge, et qui n'est que le fond d'une ancienne mer.

Saint-Louis ou Louis IX, *nprm.* pieux roi de France qui régna de 1226 à 1270.

Saint-Pétersbourg, *sprm.* capitale de l'empire russe, sur la Néva, fondée par Pierre le Grand, 670000 habitants.

Saisons (les quatre); *sfpl.* le printemps, l'été, l'automne, l'hiver.

Sang, *sm.* liquide rouge qui circule dans les veines et les artères; *cent,* dix fois dix; *sens,* les cinq sens; *Sens,* dans l'Yonne; *sans,* préposition; *cens,* recensement.

Sanglier, *sm.* cochon sauvage. Féminin : *laie.*

Sarclage, *sm.* opération consistant à enlever les mauvaises herbes.

Saut, voy. *sceau.*

Sceau, *sm.* cachet, d'où *sceller; seau,* vase pour puiser de l'eau; *saut,* action de sauter; *sot,* qui a peu d'esprit.

Scorpion, *sm.* animal de la classe des araignées, dont la piqûre est venimeuse.

Seine, *sprf.* grand fleuve de France, qui prend sa source dans la Côte-d'Or, et se jette dans la Manche.

Sel, *sm.* sel marin, sel de cuisine, corps que l'on extrait le plus souvent de l'eau de la mer; formé de gaz *chlore* et d'un métal, le *sodium.*

Sens (les cinq), la vue, l'ouïe, l'odorat, le goût, le toucher.

Sentir, *va.* percevoir par les sens; d'où *sensible.*

Sep, *sm.* partie de la charrue qui porte le soc; *cep,* pied de vigne.

Septentrion ou Nord, *sm.* l'un des quatre points cardinaux.

Séquanien, *adj.* des bords de la Seine, du nom latin *Sequana* de ce fleuve.

Séran, *sm.* instrument avec lequel on peigne le chanvre.

Sérénissime, superlatif tiré de l'italien; littéralement très-serein, titre d'honneur; de *serein,* doux, calme.

Serre, *sf.* lieu où l'on abrite des plantes pendant l'hiver. (Voyez *cerf.*)

Sibérie, *spr.* plaine très-froide de l'Asie qui termine au nord l'ancien continent.

Siècle, *sm.* espace de cent ans.

Signature, *sf.* nom d'une personne écrit par elle-même au bas d'un acte; de *seing,* même signification.

Singe, *sm.* animal à quatre mains, qui se nourrit de fruits. Féminin : *guenon.*

Singulariser (se), *vpr.* agir de manière à se faire remarquer.

Sinueux, *adj.* qui fait des détours.

Sirupeux, *adj.* qui a la consistance d'un sirop; de *sirop*.

Socrate, *spr.* illustre philosophe et moraliste grec, né à Athènes l'an 470 av. J.-C., mort en 400, maître de Platon et d'Aristote.

Sol, *sm.* couche superficielle de la terre; *sol*, note de la gamme; *sole*, poisson de mer; *sol* ou *sou*, monnaie; *saule*, arbre.

Soleil, *sm.* astre qui produit le jour. La terre tourne autour du soleil en 365 jours.

Solitaire, *adj.* qui vit isolé, seul.

Son, *sm.* bruit; d'où *sonore*.

Sortilége, *sm.* maléfice des prétendus sorciers (superstition). Il n'y a pas plus de sortiléges que de sorciers.

Sourdre, *vn.* se dit d'un cours d'eau qui sort de terre.

Square, *sm.* sorte de jardin public dans les grandes villes, inauguré en Angleterre.

Stère, *sm.* tas de bois de forme cubique ayant un mètre de large, un mètre de long et un mètre de haut.

Stettin, *spr.* ville de Prusse.

Strasbourg, *sprf.* ville d'Alsace, anc. ch.-l. du dép. du Bas-Rhin, enlevée à la France par la guerre de 1870-1871.

Stratagème, *sm.* artifice, ruse, moyen insidieux.

Submersion, *sf.* envahissement d'un pays par l'eau, qui en recouvre toute la surface; d'où *submersible*.

Suc, *sm.* liquide servant d'aliment aux plantes; liqueur qu'on extrait des viandes, des plantes; *sucre*, substance d'une saveur agréable.

Suédois, hab. de la *Suède*, contrée de la Scandinavie, grande péninsule au nord-ouest de l'Europe.

Suez (canal de), canal qui unit la mer Rouge à la mer Méditerranée (1869).

Suisse, *sprf.* contrée montagneuse de l'Europe centrale, 2 550 000 habitants. Les villes principales sont Bâle, Berne, Genève, Zurich.

Sully, *spr.* célèbre ministre de Henri IV, né en 1560, mort en 1641.

Sydney, *spr.* ville anglaise de l'Australie.

T

Talisman, *sm.* objet auquel on attribue des vertus extraordinaires.

Talus, *sm.* paroi inclinée d'une tranchée.

Tamise, *sprf.* fleuve d'Angleterre, sur les rives duquel est bâtie la ville de Londres.

Tanner, *va.* imprégner les cuirs de tan ou écorce de chêne; d'où *tannage*.

Tarir, *vn.* littéralement *devenir à sec*.

Télégraphe, *sm.* appareil à l'aide duquel on transmet les nouvelles à de grandes distances. Il y a le télégraphe *aérien* et le télégraphe *électrique*.

Temporaire, *adj.* qui ne dure qu'un certain temps.

Temps, *sm.* durée des choses; *tan*, écorce de chêne; *tant*, adverbe.

Ténu, *adj.* très-mince, très-délié.

Tête, *sf.* siége du cerveau; *de la tête*, capital; latin *caput*, *capitis*, tête.

Textile, *adj.* dont on peut faire un tissu.

Thermomètre, *sm.* instrument qui sert à mesurer la température.

Topinambour, *sm.* belle plante du même genre que les soleils. Ses tubercules fournissent un aliment; ses feuilles, un bon fourrage; ses tiges, un bon combustible.

Tournoi, *sm.* exercice militaire et équestre du moyen âge; d'où *tournoyer*.

Tranchée, *sf.* sorte de grand fossé.

Transe, *sf.* frayeur, appréhension d'un danger.

Transiger, *vn.* conclure un accommodement dans lequel les deux parties se font des concessions; d'où *transaction*.

Trieste, *spr.* ville d'Autriche, port sur l'Adriatique.

Tripoter, *va.* troubler, brouiller, mêler frauduleusement; de *tripot*.

Trumeau, *sm.* portion de mur entre deux fenêtres ou deux portes.

Tunnel, *sm.* souterrain voûté établi pour le passage d'une route ou d'un chemin de fer.

Turban, *sm.* bande d'étoffe dont les mahométans enveloppent leur tête.

Turenne, célèbre général français sous Louis XIV, 1611-1675.

Tuteur, *sm.* celui qui remplace le père mort d'un enfant mineur. Féminin : *tutrice*.

Tyrol, *spr.* province d'Autriche. Cap. *Inspruck*.

V

Vaccine, *sf.* maladie boutonneuse, nullement grave, qui, communiquée aux enfants, les préserve de la petite vérole.

Vacciner, *va.* communiquer aux enfants la *vaccine*.

Vaquer, *vn.* être vacant, chômer; *vaquer à*, s'appliquer à.

Variole, *sf.* ou *petite vérole*, maladie éruptive, produite par la présence d'animaux microscopiques.

Végétal, *sm.* être organisé qui vit, se nourrit et s'accroît, mais qui n'est pas doué de sensibilité. Un végétal est la même chose qu'une plante.

Vénéneux, *adj.* qui contient du venin, se dit des plantes. En parlant des animaux, on dit *venimeux*.

Vénitien, *adj.* qui est ou qui vient de Venise, ville d'Italie, sur l'Adriatique.

Ver, *sm.* animal rampant; *verre*, vase pour boire; *vert*, adj. de couleur; *vers*, préposition; *vers*, les lignes d'une poésie.

Vestibule, *sm.* pièce à l'entrée d'un bâtiment qui donne accès dans les autres pièces.

Vésuve, *sprm.* volcan de l'Italie près de Naples, qui engloutit, l'an 79 de notre ère les villes de Pompeia, Stabia et Herculanum.

Viaduc, *sm.* espèce de pont joignant les deux flancs d'une vallée et sur lequel passe un chemin de fer ou une route ordinaire.

Vinaigre, *sm.* c.-à-d. vin aigre; liqueur acide, obtenue par l'action de l'air sur le vin.

Voix, *sf.* son produit par le larynx de l'homme; *voie*, *sf.* trace, chemin; *tu vois*, du verbe *voir*.

Volcan, *sm.* ouverture à la surface de la terre, d'où sortent parfois des flammes, des gaz et des matières minérales.

Voltige, *sf.* exercice exécuté par les bateleurs; manœuvre d'un cheval exécutée avec dextérité.

Z

Zone, *sf.* nom donné à chacune des cinq bandes qui partagent la terre en cinq climats dans le sens de l'équateur.

TABLE

Saint-Denis. — Imprimerie Ch. [illegible], rue de Paris.

Paris. — Imprimerie VIÉV

www.ingramcontent.com/pod-product-compliance
Ingram Content Group UK Ltd.
Pitfield, Milton Keynes, MK11 3LW, UK
UKHW021039230726
13926UKWH00004B/1564

9 782014 433043